KB272022

경영의 알파와 오메가

경영의 알파와 오메가

현명관 지음

글로벌콘텐츠

●

1941년 제주에서 태어나 지금까지 80여 년을 살아왔습니다. 가난, 질병, 시험 낙방, 선거 패배, 그리고 적지 않은 논란까지, 평탄하지 않은 길을 걸어왔습니다. 하지만 돌이켜 보면 그 모든 경험이 제게는 소중한 스승이었습니다.

15세에 난생처음 기차를 타고 상경했습니다. 하숙과 자취, 가정교사를 전전하며 학업을 이어갔고, 사법시험에 여러 번 낙방한 끝에 행정고시에 합격해 공무원이 되었습니다. 10여 년간의 공직 생활을 마치고 일본 유학을 다녀온 뒤, 1978년부터 약 30년간 삼성맨으로 살았습니다. 호텔신라, 삼성건설, 삼성물산을 거치며 삼성그룹 비서실장과 삼성물산 회장까지 역임했습니다. 이병철 회장과 이건희 회장 두 분을 가까이에서 모시며 경영 철학의 본질을 배웠습니다.

이 책을 쓰게 된 이유는 단순합니다. 우리나라의 경제 정책, 특히 대기업 정책과 규제개혁 관련 논의들이 너무나 자주 현장과 동떨어진 이념과 이론에 치우쳐 있다는 안타까움 때문입니다. 정부 관료, 국회의원, 학자들이 실물경제 현실을 소홀히 하거나 경험 부족으로

탁상공론에 빠지는 일을 수없이 보아왔습니다.

치열한 글로벌 경제 전쟁에서 싸우는 전사는 정부 관료도, 국회의원도, 학자도 아닙니다. 바로 기업입니다. 그리고 기업은 '투자'라는 무기로 싸웁니다. 잘사는 나라를 만들려면 기업하기 좋은 나라, 투자하기 좋은 나라를 만들어야 합니다. 이 명백한 진리가 정책 논의 과정에서 자주 잊히고 있습니다.

저는 경영 현장에서 배웠습니다. '경쟁력'이 경영의 알파요 오메가라는 것을 말입니다. 경쟁력은 고객이 판단하고, 시장이 결정합니다. 아무리 좋은 지배구조, 아무리 훌륭한 노동 정책도 기업의 경쟁력이 무너지면 무용지물입니다. 경제민주화의 목표가 '다 같이 잘사는 사회'라면, 그 전제는 기업의 글로벌 경쟁력입니다.

또한 저는 깨달았습니다. 경영은 단순한 경제 활동이 아니라 '사람의 마음을 움직이는 예술'이라는 것을 말입니다. '이 세상 공짜는 없다'라는 진리, '주인의식 없이는 경쟁력도 없다'라는 법칙, '경영은 쇼핑이다'라는 현장의 지혜를 이병철, 이건희 두 회장님께 배웠습니다.

이 책은 제 개인의 성공담이 아닙니다. 현장에서 목격하고 체득한 경영의 원리, 그리고 많은 시행착오 끝에 얻은 교훈을 후배들과 나누기 위한 것입니다. 특히 실물경제 경험이 부족한 관료나 정치인들께 조심스럽게 조언을 드리고 싶습니다. 정책은 이념이 아니라 현장에서 출발해야 합니다. 경쟁력 없는 기업은 살아남을 수 없고, 기업이 무너지면 일자리도, 세수도, 복지도 모두 사라집니다.

우리는 IMF 외환위기 이후 25년째 저성장의 늪에서 빠져나오지 못하고 있습니다. 한국 경제는 다시 도약해야 합니다. 우리 아들딸 세대를 위해서 말입니다. 도약하려면 도전해야 하고, 도전하려면 과거의 성공 공식을 넘어서는 혁신이 필요합니다. 글로벌 스탠더드는 경쟁력의 필요조건일 뿐, 충분조건은 아닙니다.

이 책에 담긴 이야기들은 많은 선배와 동료, 그리고 수많은 현장의 사람들로부터 배운 지혜입니다. 우리는 사회로부터 많은 투자를 받은 '비싼 존재'입니다. 그러므로 이 경험과 지식을 후배들에게 물려줘야 할 책무가 있습니다.

80대 노인의 독백이 거창하게 들릴 수도 있습니다. 하지만 저는 겸손하게 그러나 진지하게 이 이야기를 전하고 싶습니다. 경영이란 무엇인가, 경쟁력이란 무엇인가, 그리고 진정한 경제민주화란 무엇인가에 대한 현장의 목소리입니다.

이 책을 출간함에 있어 AI맹인 저의 눈을 뜨게 하고 책을 쓸 수 있도록 용기를 주신 가재산 디지털문인협회 회장과 김영희 작가, 어려운 여건임에도 출판에 선뜻 나서주신 글로벌콘텐츠 홍정표 대표와 교정 등 세심히 챙겨주신 편집부께 감사드립니다. 이들의 도움으로 이 책이 비로소 빛을 보게 되었습니다. 그리고 독자 입장에서 밤늦게까지 목차 순서나 중복된 부분 정리 등 문안을 깔끔하게 다듬어준 내 아들 현찬에게도 고마움을 남깁니다.

끝으로 이 책이 정책을 만드는 분들께, 경영을 고민하는 분들께, 그리고 미래를 꿈꾸는 젊은이들께 작은 도움이 되기를 간절히 바랍니다.

2026년 현명관

목차

제1부

경쟁력, 경영의 알파와 오메가

도대체 어떻게 해야 소니를 누를 수 있겠소

신경영을 선언하고 그룹 개혁에 박차를 가한 지 1년이 지났습니다. 뭔가 변화는 시작되었으나 가시적인 성과가 나온 것은 없었습니다. 삼성전자의 각종 상품은 소니에 한참 못 미쳤고, 이건희 회장은 답답한 마음에 그날도 집무실에서 줄담배를 피우며 일본을 이길 방법에 고심하고 있었습니다.

이건희 회장이 현명관 비서실장을 갑자기 방으로 들어오라고 했습니다.

"현 실장, 당신은 일본에서 유학을 했었죠?'

"네."

"그럼 말해 보시오. 도대체 어떻게 해야 일본 소니를 누를 수 있겠소?"

"지금처럼 계속 노력해야 하지 않겠습니까?"

"아니, 그런 거 말고. 그들과 우리가 뭐가 달라서 이렇게 차이가 난 건지 얘기해 보시오."

"그럼 좀 길게 말씀드리겠습니다."

이건희 회장은 담배를 끄고 현명관 비서실장의 말에 귀를 기울였습니다.

"사토 규이치로라는 친구가 있었습니다."

현명관은 이건희 회장의 의중을 알아채고, 자신의 유학 시절 겪었던 일화 하나를 들려주었습니다.

현명관은 여름방학을 맞아 같은 학교 친구의 초대를 받았습니다. 친구의 이름은 사토 규이치로였습니다. 그는 같은 게이오대학 대학원을 다니며 경제학을 공부하고 있었습니다. 사토는 졸업 후 아버지가 운영하는 회사를 물려받기로 한 유복한 가정에서 자란 친구였습니다. 그의 집은 센다이역에서 차로 20여 분 거리에 있었습니다. 현명관은 초대받은 날을 며칠 앞두고 사토로부터 깨끗하게 정리된 도표 한 장을 받았습니다.

"사토! 이게 뭔가?"

“응, 자네가 우리 집에 놀러 올 때 필요한 스케줄표일세.”

놀랍게도 그 도표는 마치 방송국의 프로그램 진행 큐시트처럼 시간별로 정리되어 있었습니다. 3시 아버지와 인사, 3시 30분까지 짐 정리 및 환복 등, 깨알같이 1박 2일 동안의 스케줄이 여행사의 그것보다 더 자세하게 설명되어 있었습니다. 현명관은 충격을 받았습니다. 이렇게 무슨 일이든 철저한 일본이 무섭기까지 했습니다.

이야기를 다 들려주고, 현명관은 이건희 회장에게 한마디를 붙였습니다.

“기본을 지키는 철저함입니다.”

이야기를 다 듣자마자 이건희 회장은 무릎을 치며 즉각 결단을 내렸습니다.

“이걸 모든 계열사에 전파하시오. 우리도 모든 일에 철저하면 되는 거 아니오. 즉시 이 내용을 정리해서 사장들에게 전달하고, 모든 공정, 기본이 되는 시스템부터 꼼꼼하고 철저한 자세로 임하라고 하시오.”

삼성전자는 그때부터 더 철저해지고 꼼꼼해졌습니다. 이건희 회장은 단순히 기술 개발을 열심히 한다고 해서 일본을 이기는 것이 아니라고 생각했습니다. 일본이 우리보다 앞서게 된 근본 원인을 분석하고 우리의 단점을 보완하는 것이 중요하다는 것을 동물적으로 알았고, 이야기를 듣자마자 약점 보완을 실행에 옮긴 것입니다. 그로부터 8년 후인 2002년, 삼성전자는 이건희 회장의 소원대로 기업 가치 면에서 소니를 이기기 시작했습니다.

이건희 회장이 던진 이 질문은 사실 한 기업만의 고민이 아니었습니다. 어떻게 하면 살아남을 수 있는가. 어떻게 하면 경쟁에서 이길 수 있는가. 이것은 시대를 초월하여 모든 경영자가 품어 온 질문이며, 이 책이 그 답을 찾아가는 긴 여정입니다.

제1장

삼성 신경영의
시작과 실천

개혁, 그 성공의 부정에서 시작되다

1993년 삼성그룹은 한국 재계의 정상에 서 있었습니다. 매출은 꾸준히 성장했고, 직원들의 자부심은 하늘을 찔렀습니다. '제일제당', '제일모직'처럼 '제일'이라는 이름은 단순한 상호가 아니라 삼성인들의 정체성 그 자체였습니다. 누가 뭐래도 우리는 국내 최고였습니다. 그런데 이건희 회장은 밤잠을 이루지 못하고 등에서 식은땀이 흐른다고 했습니다. 겉으로 보기에 승승장구하는 기업의 수장이 왜 그토록 불안해했을까요.

답은 간단했습니다. 국내 1등과 세계 1등 사이에는 건널 수 없는 강이 있었습니다. 더 정확히 말하자면 삼성은 세계 시장에서는 3류 기업에 불과했습니다. 그분이 느끼는 위기감은 숫자로 드러나지 않는 것이었습니다. 재무제표는 좋았으나 그것은 과거의 성적표일 뿐이었습니다.

삼성 신경영의 본질은 '개혁'이었습니다.

개혁은 자기부정입니다. 지금까지 자기가 잘해온 것, 성공 스토리, 이를 토대로 한 자만심과 현 상황에 대한 만족감을 부정하는 것이 개혁의 출발점입니다. 오스트리아 경제학자 슘페터의 말처럼 개혁은 '창조적 파괴'입니다.

개혁은 또한 과거와의 단절입니다. 과거에 어떻게 해왔고 그 결과 성공했는지는 더 이상 중요하지 않습니다. 개혁은 과거지향적인 것이 아니라 미래지향적인 것입니다. 그래서 '과거와의 단절'이 필수입니다.

1993년 프랑크푸르트 회의장에서 이건희 회장 앞에 앉은 100여 명의 사장들은 혼란스러웠습니다. 회장은 "지금까지 한 것은 다 잘못됐습니다. 마누라와 자식 빼고 다 바꿉시다"라고 선언했습니다. 순간 사장들의 머릿속에는 이런 생각이 스쳤을 것입니다. '우리가 불철주야 노력해서 국내 제1의 고지에 올라섰는데, 갑자기 왜 전부 버리고 다 바꾸라는 것인가.' 모든 것을 참고 견디며 전투하듯 일을 해서 승진한 간부들이었습니다. 그런데 지금까지 한 것이 다 잘못됐다니, 섭섭하지 않을 수 없었습니다. 더 큰 문제는 '어떻게 하라는 것인가?'였습니다.

조직 심리학자들은 이를 '성공의 함정'이라고 부릅니다. 성공한 기업일수록 자신들이 해온 방식을 바꾸기 어렵습니다. 왜냐하면 '이 방식으로 성공했잖아'라는 증거가 너무나 명확하기 때문입니다.

그런데 1990년대 초, 경영 환경이 180도 바뀌었습니다. 공급이 수요보다 많아졌습니다. 우루과이 라운드로 보호주의가 철폐되어 세계 시장이 하나로 통합되었습니다. 품질이 곧 경쟁력이 되었습니다. 과거의 성공 공식이 이제는 생존을 위협하는 족쇄가 되어버린 것입니다.

신경영 선언 하루 전, 녹음된 대화가 있습니다. 비서실장이 "양도 중요합니다. 양적 성장을 통해…"라고 말하자, 이 회장이 과일을 먹던 포크를 땅바닥에 내동댕이쳤습니다. 이 녹음이 독일 호텔 회의실에 모인 사장들에게 들려졌을 때, 그들은 깨달았습니다. '이 사람은 타협하지 않습니다. 양과 질의 조화 같은 것은 없습니다. 선택해야 합니다'라는 것을 말입니다. 개혁은 타협이 없습니다. '양과 질의 조화'는 좋은 말처럼 들리지만, 실제로는 아무것도 바뀌지 않는다는 뜻입니다. 개혁은 반드시 저항을 동반합니다. 그것은 개혁이 제대로 진행되고 있다는 증거입니다. 모두가 환영하는 개혁은 진짜 개혁이 아닙니다.

왜 1993년이었나

1990년대 초, 삼성그룹은 찬란한 성공의 정점에 있었습니다. 선대 이병철 회장이 창업하여 일군 삼성은 한국 경제 근대화의 주역이자 한국 제일의 그룹으로 우뚝 섰습니다. 가난했던 나라를 일으켜 세우는 데 앞장섰다는 자부심은 삼성 정신의 핵심이었습니다. 그 성공에는 분명한 공식이 있었습니다. 당시 한국의 경영 환경을 돌이켜 보면 성공이 어쩌면 당연했습니다. 수요가 공급보다 많아 만들기만 하면 팔렸고 국내 산업 보호 정책으로 수입이 제한되어 국내 기업끼리만 경쟁하면 됐습니다. 이런 환경에서 경영의 핵심과제는 자금 마련, 정부와의 섭외, 재무관리와 절세였습니다.

자연스럽게 '관리의 삼성'이라는 별명이 생겼습니다. 기술, 마케팅, 디자인, 품질관리, A/S 등 고객 관리 업무는 상대적으로 경시되어도 큰 영향이 없었습니다. 왜냐하면 만들면 팔렸기 때문입니다. 품질이 다소 떨어져도, 디자인이 좀 뒤처져도, A/S가 불편해도 고객들은 샀습니다. 다른 선택지가 많지 않았으니까요.

그런데 이건희 회장이 회장직을 물려받은 1990년 초부터 경영 환경이 근본적으로 바뀌기 시작했습니다. 1986년 우루과이 라운드가 출범했습니다. 1989년 베를린 장벽이 붕괴되면서 냉전이 종식되고 세계화가 가속되었습니다. 1990년대 초 신자유주의가 확산되면서 국경 없는 자유무역이 확대되었습니다. 세계가 하나의 시장으로 변했습니다. 게임의 룰이 완전히 바뀐 것입니다.

과거에는 폐쇄된 한국 시장에서 한국 기업끼리 경쟁하면 됐습니다. 국내 1등이면 성공이었습니다. 하지만 이제는 개방된 세계 시장에서 글로벌 기업과 경쟁해야 합니다. 세계 일류가 아니면 도태됩니다. 소니, 필립스, 제너럴 일렉트릭GE 같은 세계적 기업들과 같은 시장에서 경쟁해야 했습니다. 여기서 패하면 2류, 3류로 전락하거나 쇠락의 길로 갈 수밖에 없는 운명이었습니다.

문제는 이런 엄청난 변화가 일어나고 있는데, 정작 당사자들은 잠에서 깨어나지 못하고 있었다는 점입니다. 삼성 사장단 이하 임직원들, 재계 인사들, 공무원들, 그리고 일반 국민들까지 모두 한 가지 감정에 도취되어 있었습니다. '한강의 기적', 가난에서 해방되었다는 성취감, 참 노력과 고생을 많이 했는데 이제 어깨 좀 펴고 살게 되었다는 안도감이었습니다. 이 정당한 자신감이 어느새 자만감으로 변질되고 있었습니다.

이건희 회장은 위기를 느꼈습니다. 회장 취임 후 사장단 회의, 전략회의, 비서실 회의에서 수차례 강조했습니다. "세계화라는 거센 파도가 밀려오고 있습니다. 지금 이대로 가면 우리는 살아남을 수 없습니다. 변해야 합니다"라고 말입니다. 하지만 반응은 냉담했습니다. 듣는 척, 하는 척. 마이동풍이었습니다.

이건희 회장은 잠이 안 오고, 등에서 식은땀이 흐른다고 했습니다. 그는 미래를 보았습니다. 지금 준비하지 않으면 세계화의 물결에 휩쓸려 삼성이 무너질 것을, 지금 당장은 괜찮아 보이지만 2~3년 후, 5년 후에는 돌이킬 수 없는 상황이 올 것을 말입니다. 그런데 아무도 그의 말을 듣지 않았습니다. 위기의식은 점점 깊어졌습니다. 뭔가 결단해야겠다고 마음먹고 있었습니다.

그리고 방아쇠가 당겨졌습니다. 1993년 두 가지 사건이 결정타를 날렸습니다. 하나는 후쿠다 보고서였습니다. 삼성전자 기술고문 후쿠다 다미오가 56장짜리 보고서를 제출했습니다. 삼성은 2류 기업이라는 내용이었습니다. 세계 일류 기업들과 비교하면 삼성의 제품은 모든 면에서 뒤처져 있었습니다. 다른 하나는 SBS(그룹방송) 세탁기 뚜껑 칼질 영상이었습니다. 세탁기 생산 라인에서 품질 불량 뚜껑을 작업자가 칼로 깎아서 억지로 끼워 맞추는 장면이 방송되었습니다. 이건희 회장의 충격은 배가 되었습니다. 이제 더는 미뤄서는 안 되겠다고 생각했습니다.

이건희 회장은 결심했습니다. 이왕 망할 바에는 내 모든 것을 걸고 도박을 해야겠다고 말입니다. 지금 이대로 가다가 그룹이 망하든, 신경영을 시도하다가 실패해서 망하든, 결국 마찬가지 아닌가. 그렇다면 차라리 후회 없이 최대한 노력이나 해보자. 이것이 1993년 이건희 회장의 심정이었습니다.

더는 미룰 수 없는 타이밍이었습니다. 우루과이 라운드 협상이 타결되면서 보호무역 시대가 공식적으로 끝났습니다. 한국도 1995년 WTO에 가입했습니다. 국내 시장 보호막이 사라지는 것은 시간문제였습니다. 역설적이게도 1993년 삼성의 실적은 나쁘지 않았습니다. 오히려 좋았습니다. 하지만 이건희 회장은 알았습니다. 진짜 위기는 숫자가 나빠진 다음에 오는 것이 아닙니다. 숫자가 좋을 때 이미 와 있는 것입니다. 숫자가 나빠진 다음에는 이미 늦습니다.

위기의식, 어떻게 공유할 것인가

혁신을 선언하는 것은 쉽습니다. 하지만 실행하는 것은 어렵습니다. 더 어려운 것은 조직 구성원들이 그 필요성을 진심으로 받아들이게 하는 것입니다. 이건희 회장이 직면한 가장 큰 문제가 바로 이것이었습니다. '내가 느끼는 위기의식의 50%만이라도 사장단과 임원들이 가진다면 우리는 할 수 있다'라고 생각했습니다. 삼성 사람들은 자신을 제대로 알지 못했습니다. 정확히 말하면 자신을 과대평가하고 있었습니다. '우리는 국내 1등입니다'라는 자부심이 착각을 낳았습니다.

이건희 회장은 생각했습니다. 우리가 세계 속에서 어떤 위치에 있는지, 우리의 현 주소가 어디인지 눈으로 확인하게 해야겠다고 말입니다. 어느 날 갑자기 호출 명령이 떨어졌습니다. "모든 일을 제쳐두고 당장 LA로 오십시오. 회장님의 특별 지시입니다." 비서팀장이 직접 전화를 걸었습니다. 삼성전자 김광호 사장, 삼성항공 이대원 사장, 삼성코닝 홍석현 부사장, 중앙일보 홍두표 사장, 그리고 삼성시계 사장이었던 저. 핵심 인사들이 LA로 소집되었습니다. 저는 의아했습니다. 삼성시계는 그룹의 주력 계열사도 아닌데 왜 이런 중요한 자리에 부른 걸까 하고 말입니다.

LA에 도착하자마자 떨어진 지시는 황당했습니다. "백화점과 가전제품 상점을 돌아다니며 쇼핑을 하고 오시오." 사장들은 영문을 모른 채 백화점으로 향했습니다. 그리고 그들은 눈으로 확인했습니다. 백화점 입구, 가장 좋은 자리에는 소니 제품이 화려하게 진열되어 있었습니다. 조명도 밝았고 판촉 직원도 친절했습니다. 반면 삼성 제품은 백화점 뒤편, 구석진 곳에 있었습니다. 싸구려 취급을 받고 있었습니다. 먼지가 쌓인 제품도 있었습니다. 사장들의 얼굴이 굳어졌습니다.

다음 날 아침, 호텔 연회장은 완전히 변해 있었습니다. 마치 전자제품 박람회장처럼 각종 제품들이 전시되어 있었습니다. 삼성, 소니, 필립스, 제너럴 일렉트릭GE, 월풀 등 세계 일류 기업들의 제품이 모두 모여 있었습니다. 더 놀라운 것은 모든 제품이 분해되어 있었다는 것입니다. 이건희 회장이 직접 지시해서 준비한 것이었습니다. 엄청난 시간과 비용을 들여서 말입니다. 이건희 회장의 날카로운 질문이 시작되었습니다.

여기 리모컨 보이시죠. 우리는 왜 버튼이 여기에 있습니까? 리모컨에서 가장 많이 쓰는 버튼은 뭡니까. 온오프 버튼입니다. 그럼 왜 필립스는 중앙에 두는데 우리는 이렇게 찾기 어려운 곳에 버튼을 둡니까?" 삼성전자 김광호 사장은 할 말이 없었습니다. 이때 어떤 임원이 '열심히 하면 됩니다'라는 식의 현실 안주형 대답을 했다가 그 자리에서 회장으로부터 호통을 듣고 쫓겨났습니다. 순간 연회장의 공기가 얼어붙었습니다.

그날 사장들은 처음으로 자신들을 객관적으로 보았습니다. 국내 1등이 세계에서는 3류라는 현실을 말입니다. 눈으로 보고 손으로 만지며 비교하고 나니 부정할 수 없었습니다. LA 호출이 서막이었다면 프랑크푸르트는 본격적인 막이 오른 것이었습니다. 1993년 6월 삼성그룹 전 계열사 사장들이 독일 프랑크푸르트로 소집되었습니다. 의문이 들었습니다. '왜 하필 프랑크푸르트인가.' 교육이라면 당연히 용인에서 하면 될 일이었습니다. 그런데 왜 굳이 수백 명을 먼 독일까지 보냈을까요.

이건희 회장의 의도는 명확했습니다. 회장의 단호한 결의를 무언으로 표현하기 위함이었습니다. 용인에서 했다면 '또 회장님이 한소리 하시는구나' 하고 넘어갔을 것입니다. 하지만 독일까지 불러 모았다는 것은 이것이 보통 일이 아니라는 것을 웅변으로 보여주는 것이었습니다. 통상 업무와 단절시키기 위함이기도 했습니다. 국내에 있으면 회사 일, 고객 미팅 등에 신경을 쓰게 됩니다. 하지만 지금은 그런 것보다 더 중요한 일이 있습니다. 회사의 생존이 걸린 문제였습니다. 절체절명의 위기의식을 전달하기 위함이기도 했습니다. 회장이 지금 느끼는 위기의식은 통상의 위기의식이 아닙니다. 벼랑 끝 낭떠러지에 선 절체절명의 위기의식입니다.

프랑크푸르트 켐핀스키 호텔에서 회의는 밤 9시에 시작되었습니다. 끝난 시간은 새벽 2~3시였습니다. 이건희 회장이 직접 나서서 사장들에게 신경영의 방향을 설명했습니다. "우리 그룹의 제품은 전부 3류입니다. 그룹의 운명이 풍전등화입니다. 지금까지 매출을 얼마나 올렸느냐 하는 양적인 지표는 아무런 의미가 없습니다. 하나를 만들어도 세계 일류를 만드는 질 위주 경영이어야 합니다."

1993년 6월 24일과 25일 이틀 동안 프랑크푸르트 사장단 마라톤 회의 내용이 인공위성을 이용해 삼성그룹의 모든 임직원에게 생중계되었습니다. 오전 8시 30분부터 40분 동안 삼성의 모든 직원은 이건희 회장의 메시지를 들었습니다. 18만 삼성인이 느꼈습니다. 삼성이 크게 변하려고 한다는 것을 말입니다.

이건희 회장의 위기의식 공유 전략을 되돌아보면 몇 가지 핵심 원칙이 있었습니다.

말로만 위기를 외치지 않았습니다. 직접 보게 했습니다. LA 백화점에서 삼성 제품의 위상을 눈으로 확인하게 했습니다. 분해된 제품을 비교하며 품질 차이를 손으로 만지게 했습니다. 보고서나 강의만으로는 부족합니다. 몸으로 느끼게 해야 합니다. 프랑크푸르트에서 끝나지 않았습니다. 런던, 도쿄, 오사카 등 계속 반복했습니다. 메시지를 반복해서 전달했습니다. 말보다 행동이 강력합니다. 용인이 아닌 프랑크푸르트로 소집한 것처럼 평소와 다른 행동으로 결의를 보여주었습니다.

카오스와 저항

프랑크푸르트 선언 이후 삼성 신경영이 순조롭게 진행될 것이라고 생각했다면 큰 착각입니다. 이건희 회장이 그토록 열정적으로 설득했고 사장들도 LA와 프랑크푸르트에서 깨달음을 얻었으니 이제는 일사분란하게 움직일 것 같았지만 현실은 달랐습니다. 조직은 혼란에 빠졌고 저항이 곳곳에서 일어났습니다.

개혁은 자기부정입니다. 개혁은 과거와의 단절입니다. 지금까지 해왔던 경영 원리와 관행, 패러다임을 버리고 새 출발하자는 것입니다. 우리가 피나는 노력과 고민으로 이만큼 달성하여 국내 제1의 자리에 올랐습니다. 그런데 갑자기 그것을 다 버리고 새로 시작하자고 합니다. 당연히 혼란스러울 수밖에 없습니다. 이것이 바로 카오스,

혼란입니다. 그리스 신화에서 카오스는 우주 창조 이전의 혼돈 상태를 의미합니다. 모든 것이 뒤섞여 있고 질서가 없는 상태입니다. 개혁도 마찬가지입니다. 기존 질서를 파괴하고 새로운 질서를 만드는 과정에서 필연적으로 혼란이 옵니다.

프랑크푸르트 신경영 선언 이후 삼성그룹 전체가 방황했습니다. 지금까지의 경영 패러다임, 경영 원칙, 경영자원 배분 우선순위가 모두 뒤집혔습니다. 가장 큰 혼란은 '구체적으로 무엇을 어떻게 해야 하는가'였습니다. '질 위주 경영을 하라고? 좋습니다. 그런데 구체적으로 뭘 어떻게 하라는 건가. 아침 7시 출근, 오후 4시 퇴근? 그럼 뭐가 달라지나. 품질 제일주의로 가격을 올리면 고객들이 안 사지 않을까?' 회장의 방향은 명확했지만 현장에서 실행하기에는 너무 막연했습니다.

혼란 속에서 불평과 불만이 터져 나왔습니다. 그동안 불철주야 열심히 노력, 고민하면서 국내 제1이라는 고지에 겨우 올라섰는데 갑자기 이제 와서 전부 버려라, 다 바꿔라, 지금까지 잘못했다고 하니 섭섭함과 분노가 뒤섞인 감정을 지울 수 없었습니다. 지나친 이상주의 아닌가 싶게 현실과 괴리된 말만 합니다. "질 경영을 해서 망하면 책임질 겁니까"라는 비판도 나왔습니다.

기득권 세력의 저항도 만만치 않았습니다. 특히 '관리의 삼성'을 이끌어온 재무, 자금, 회계, 인사 관리 부문의 임원들은 당혹스러웠습니다. 지금까지 자신들이 삼성의 핵심이었습니다. 그런데 이제는 기술, 마케팅, 디자인, 품질관리가 중요하다고 합니다. 자신들의 입지가 좁아지는 것이 아닌가 하는 위기감이 들었습니다.

일부는 '이 또한 지나가리라' 전략을 택했습니다. '그냥 묵묵히 시키는 대로만 하자.' 조금 기다리면 회장님도 현실을 깨닫고 돌아올 것입니다. 지금은 폭풍이 지나가기를 기다리는 것이 최선이라고 생각했습니다. 또 다른 일부는 소극적 저항을 했습니다. 겉으로는 따르는 척하지만 실제로는 아무것도 바꾸지 않았습니다. 회의에서는 "예, 알겠습니다"라고 하지만 돌아서면 예전 방식대로 일했습니다. 개혁의 가장 큰 적은 노골적인 반대가 아닙니다. 무관심과 침묵, 소극적 저항입니다.

이건희 회장은 모든 것을 알고 있었습니다. 카오스가 올 것도, 저항이 있을 것도 예상했습니다. 그래서 개혁은 어렵습니다. 만약 모든 구성원이 환영하고 아무도 저항하지 않는다면 그것은 개혁이 아닙니다. 그냥 구호에 불과합니다. 1993년 하반기 삼성 신경영은 성패의 갈림길에 섰습니다. 조직은 혼란스러웠습니다. 임직원들은 방황했습니다. 저항도 만만치 않았습니다. 심지이 일부 는 회사를 떠났습니다. 그런데 이건희 회장은 흔들리지 않았습니다.

이건희 회장 앞에는 두 가지 선택지가 있었습니다. 하나는 속도 조절입니다. 조금 천천히 가자. 임직원들이 적응할 시간을 주자. 단계적으로 추진하자는 것입니다. 이것이 보통의 경영자들이 선택하는 길이며 저항을 최소화하고 조직의 안정을 유지하는 것입니다.

다른 하나는 밀어붙이기입니다. 혼란? 예상했습니다. 저항? 예상했습니다. 그래도 갑니다. 이렇게 하면 혼란은 더 커질 것입니다. 저항도 더 거세질 것입니다. 일부는 떠날 것입니다. 하지만 개혁은 삽니다. 이건희 회장은 밀어붙이기를 선택했습니다. 어떤 희생을 감내하더라도 신경영, 즉 질 위주 경영을 계속 추진하겠다는 결의를 전 그룹에 표명했습니다.

과감한 조치, 결연한 의지

카오스와 저항 앞에서 이건희 회장은 밀어붙이기로 선택했습니다. 하지만 말만으로는 부족했습니다. '나는 진심입니다. 절대 물러서지 않습니다.' 이것을 어떻게 보여줄 것인가. 행동으로 보여줘야 했습니다. 그것도 충격적인 행동으로 말입니다. 조직 구성원들이, 특히 저항 세력과 방관 세력이 이렇게 생각하게 만들어야 했습니다.

'이 사람은 진심이다. 조금만 버티면 지나가겠지 하는 생각은 버려라. 개혁에 동참하지 않으면 살아남을 수 없겠구나' 하고 말입니다. 이건희 회장은 1993년 하반기부터 1995년에 걸쳐 일련의 과감한 조치들을 단행했습니다.

1993년 10월 23일 삼성 비서실장 교체가 발표되었습니다. 이수

빈 비서실장이 물러나고 현명관 건설사장이 새 비서실장에 임명되었습니다. 비서실장은 그룹 실세 중의 실세입니다. 그룹의 모든 계열사를 조정하고 통제하는 사령탑입니다. 이수빈 비서실장은 고 이병철 회장 시절부터 30년 넘게 삼성에서 일한 핵심 인물이었습니다. 삼성의 살아있는 역사라고 할 수 있었습니다.

그런데 왜 교체했을까요. 이수빈씨는 과거의 성공을 만든 사람입니다. 과거의 방식에 익숙한 사람입니다. 신경영을 추진하려면 과거와의 단절이 필요합니다. 새 술은 새 부대에 담아야 합니다. 과거의 성공 DNA를 가진 사람으로는 미래의 혁신을 이끌 수 없다는 이건희 회장의 생각이었습니다.

비서실장 교체에 이어 더욱 충격적인 조치가 뒤따랐습니다. 그룹 각 사의 관리본부장 전원을 현업에서 손 떼게 하고 장기 교육과정에 편입시킨다는 것이었습니다. 관리본부장이 누구입니까. 각 계열사의 실질적인 2인자였습니다. 자금, 재무, 인사, 총무를 총괄하는 핵심 보직입니다. 특히 과거 삼성은 '관리의 삼성'으로 불렸습니다. 관리본부장의 권한과 영향력은 막강했습니다.

왜 관리본부장들을 교육과정에 편입시켰을까요. 이들이 과거 성공 방식의 핵심 세력이었기 때문입니다. 재무 중심, 자금 중심, 양적 성장 중심의 사고방식을 가진 사람들입니다. 품질, 기술, 디자인, 마케팅보다 돈 관리가 우선이라고 생각하는 사람들입니다. 이들을 재교육하지 않고는 신경영이 뿌리내릴 수 없다고 판단했습니다.

1994년 3월, 또 하나의 상징적 사건이 벌어졌습니다. 구미 공장에서 만든 불량 무선전화기 15만 대, 당시 가격으로 500억 원 상당이었습니다. 2020년 가치로 환산하면 1,000억 원이 넘는 돈입니다. 불길이 치솟았습니다. 무선전화기가 녹아내렸습니다. 500억 원이 연기로 사라졌습니다.

직원들은 눈물을 흘렸습니다. 무선전화기 소각이 전한 메시지는 명확했습니다. 품질에 타협하지 않습니다. 불량품은 절대 용납하지 않습니다. 단기 이익보다 장기 브랜드 가치가 중요합니다. 회장은 진심입니다. 500억 원을 태웠습니다. 돈이 아까워서 개혁을 포기하지 않았습니다. 리더가 희생을 감수하는 모습을 보면 조직도 따라옵니다.

한두 번 하고 그만둔 것이 아니었습니다. 계속 반복적으로 일관되게 메시지를 전달했습니다. 공장 직원들 앞에서 무선전화기를 태웠습니다. 회장실에서 조용히 폐기 지시를 내린 것이 아니었습니다. 모두가 보는 앞에서, 현장에서, 직접. 가시성이 중요합니다.

세계 일류 기업을 향하여

지금까지 삼성 신경영의 배경, 전개 과정, 혼란과 저항, 그리고 극복 방법을 살펴봤습니다. 하지만 한 가지 근본적인 질문이 남습니다. 그래서 어디로 가려는 것인가 하는 것입니다. 아무리 열정적으로 개혁을 추진해도 목표가 명확하지 않으면 조직은 표류합니다. 마치 나침반 없이 항해하는 배처럼 말입니다. 그래서 신경영의 목표를 명확하게 제시했습니다. '세계 일류 기업'이었습니다.

세계 일류 기업이란 무엇일까요. 단순히 매출 규모가 크거나 직원수가 많은 회사를 말하는 것이 아닙니다. 세계 일류 기업은 세 가지 조건을 갖추어야 합니다. 첫째, 세계 최고 수준의 제품과 서비스를 제공합니다. 품질, 디자인, 기능, 가격 모든 면에서 세계 최고입니다.

둘째, 고객으로부터 신뢰받습니다. 브랜드 파워가 있습니다. 고객들이 그 회사 제품이라면 믿고 삽니다. 셋째, 지속 가능한 성장을 합니다. 일시적 성공이 아니라 10년, 20년, 50년 지속적으로 성장합니다.

신경영의 목표를 더 구체적으로 풀어보면 이렇습니다. 질 위주 경영을 합니다. 양이 아니라 질이 목표입니다. 많이 만드는 것이 아니라 좋게 만듭니다. 빨리 만드는 것이 아니라 완벽하게 만듭니다. 질 좋은 제품과 서비스를 제공하면 고객이 만족합니다. 임직원, 협력업체, 대리점, 소비자, 사회 등 모든 고객이 만족합니다. 고객 만족이 신뢰를 낳고 신뢰가 브랜드를 만들고 브랜드가 경쟁력을 만듭니다. 그렇게 세계 일류 기업이 됩니다.

인재와 기술 두 핵심축 전략

신경영에서 삼성은 초일류 기업으로 도약하기 위해 무엇보다 '인재와 기술'이라는 두 축을 통해 질 경영을 실현하고자 했습니다. 이건희 회장은 질Quality의 근원이 결국 인간의 두뇌와 기술력에 있다고 보았고 이에 대한 중요성을 기회 있을 때마다 이렇게 강조했습니다.

"21C는 한 명의 핵심인재가 10만, 20만 명을 먹여 살리는 지적자산의 시대이므로 사람을 키우는 것뿐 아니라 전 세계에서 천재를 찾아야 한다."

"기술은 선점이 중요하다. 한 번 뒤지면 영원히 뒤진다. 우리가 기술에 앞서지 못하면 미래는 없다."

"SSuper급 핵심인재가 중요하다. 핵심인재 한 명이 기업의 운명을 바꾼다. 사장 연봉보다 더 많은 대우를 해서라도 최고급 인재를 영입해야 하며, CEO 업무의 절반 이상은 이 노력을 해야 한다.”

“업의 본질을 꿰뚫는 경영자의 통찰력이 필요하다. 이 통찰력은 높은 수준의 기술 이해도와 인문학적 소양을 가진 인재로부터 나온다.”

실제로 이 회장의 강력한 추진 의지에 힙입어 이런 인재와 기술 전략으로 1992년 반도체 초격차 64K DRAM 개발가 이루어졌고 1995년 무선전화기 화형식 이후 스마트폰 세계 점유율 1위를 차지했습니다.

이때 인재 전략의 하나로 ‘지역전문가 제도’를 과감하게 도입하였습니다. 1인당 1억 원 넘게 투입하여 1년간 현지문화와 언어를 연수하는 제도로 삼성의 세계 현지 경영 정착에 큰 기여를 하였습니다.

또 S급 인재 유치의 결과, 모두가 불가능하다던 반도체 사업의 성공으로 메모리 반도체 세계 점유율 1위를 고수하게 되었고 전자뿐 아니라 모든 계열사가 세계 명품을 개발하는 데 박차를 가하게 되었습니다.

이 당시 기술인력의 양성과 더불어 경영자들의 기술에 대한 이해와 경영에 접목하기 위한 TECHNO MBA 제도가 KAIST와 합작으로 시작했는데 이는 기술과 경영의 융합, 즉 ‘T자형 인재’와 ‘기술맹점’을 타파하기 위해 이 회장의 지시로 만든 교육제도입니다.

당시 삼성 경영진은 거대한 절벽 앞에 서 있었습니다. 법대, 상대

출신이 장악한 관리조직은 기술의 흐름을 알지 못하는 '기술문맹'에 가까웠고, 공대 출신들의 기술인력들은 숫자와 그 이면을 읽는 '경영적 혜안'이 부족했습니다. 이 회장은 이분법적 구조를 깨지 않고서는 일류가 될 수 없음을 직시했습니다.

"기술을 모르는 경영자는 미래가 없고, 경영을 모르는 기술자는 부품에 불과하다"라는 일갈은 서로 두 세계를 융합해 업의 본질을 꿰뚫을 수 있는 T자형 인재의 필수부가결을 말하는 것이고, 이런 철학에서 이를 실천하기 위해 만들었습니다.

그런데 이런 인재 중시 정책은 S급 인재, 천재 등의 필요성만을 강조했던 것이 아니고 당시 한국사회에 뿌리내려 있던 학벌과 편견을 파괴하는 능력 중심의 '열린 인사'도 강조했습니다. 여성과 고졸 인력에 대한 차별을 철폐하고 오직 실력만으로 승부케 하는 파격적 인사 전략을 했던 것입니다.

'여성 인력을 활용하지 못하는 것은 국가적 낭비'라며 대졸 여성인력을 30% 이상 채용하라는 특별지시를 내릴 정도로 '금녀의 벽'을 허물었고 대학졸업장이라는 허울 대신, 학력이 아니라 현장의 실력과 잠재력만으로 인재를 발탁하는 '열린채용'을 단행했습니다. 이는 단순한 배려가 아니라 오직 실력 있는 자만이 살아 남는다는 '진정한 능력주의'로의 경영체질 개선이었습니다.

그런데 신경영의 이런 기술, 인재 중시 경영이 현재 우리나라에서 그대로 유지 발전되고 있습니까? 안타까운 일이지만 의대 쏠림 현상

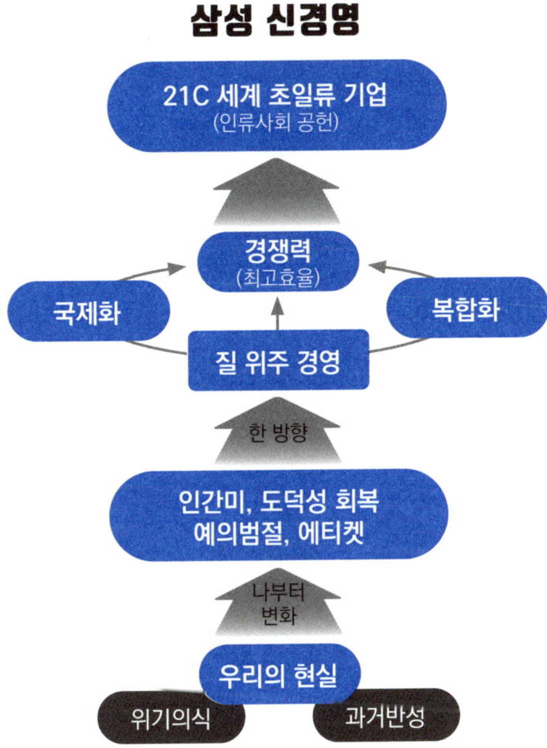

〈1993년 신경영 내용 전체를 종합한 구조〉

으로 삼성전자 등 대기업조차 핵심인력 확보에 어려움을 겪고 있으며 이 회장이 강조한 '천재 경영'의 동력이 약해지고 있습니다. 대학에서 배운 지식이 기업현장에서 바로 쓰이지 못해 기업이 막대한 재교육비용을 부담하고 있습니다. 또한 정부의 R&D예산이 단기적인 성과위주로 배분되어 미래를 바꿀 파괴적인 '질적 혁신'보다는 '안전한 실패'만 반복하는 경향입니다. 우리 모두 미래를 걱정하고 이건희 회장이 삼성 신경영에서 주창한 인재와 기술 중시 경영에 힘을 쏟아야 할 때입니다.

삼성 신경영의 명확한 목표는 '질 위주 경영에서 고객 만족으로, 고객 만족에서 세계 일류 기업으로'였습니다. 하지만 한 가지 문제가 있습니다. 어떻게 측정할 것인가 하는 것입니다. 고객 만족을 어떻게 측정할까요. 질 경영을 어떻게 수치화할까요. 세계 일류를 어떻게 평가할까요. 측정하지 못하면 개선할 수도 없습니다.

삼성은 두 가지 측정 시스템을 만들었습니다. 첫째, 불량률을 측정했습니다. 과거에는 생산량만 중요했습니다. 얼마나 많이 만들었는가가 평가 기준이었습니다. 신경영 이후에는 불량률이 핵심 지표가 되었습니다. '100만 개당 불량품이 몇 개인가.' 처음에는 1만 개당 불량품 개수로 측정했습니다. 나중에는 100만 개당으로, 더 나중에는 10억 개당으로 기준이 높아졌습니다.

둘째, 고객 만족도를 측정했습니다. 정기적으로 고객 설문조사를 실시하여 '제품 구매 후 얼마나 만족하는가. A/S는 만족스러운가.

다시 우리 제품을 살 의향이 있는가' 등을 물었습니다. 이 점수가 각 부서와 임원들의 평가에 반영되었습니다. 그뿐 아니라 협력업체와 대리점의 만족도까지 조사하여 회사평가항목에 넣었습니다.

브랜드 가치도 측정하기 시작했습니다. 인터브랜드, 브랜드파이낸스 같은 글로벌 브랜드 평가 회사들이 매년 세계 브랜드 순위를 발표합니다. 삼성은 이 순위를 중요한 지표로 삼았습니다. 1993년에는 삼성 브랜드가 순위권 밖이었습니다. 하지만 목표를 정했습니다. 10년 안에 세계 20위 이내에 들자. 20년 안에 세계 10위 이내에 들자고 말입니다.

질 경영, 고객만족 경영, 고객신뢰 경영, 브랜드 이미지 혁신 운동은 모두 같은 것을 다른 각도에서 표현한 것입니다. 2018년 브랜드 평가 회사 브랜드파이낸스는 삼성의 브랜드 가치를 100조 원 이상으로 평가했습니다. 세계 4위입니다. 아마존, 애플, 구글 다음입니다. 1993년에는 아마 순위권에도 못 들었을 것입니다. 25년 만에 이룬 성과입니다.

실천과 성과

지금까지 삼성 신경영의 철학과 시스템을 살펴봤습니다. 실제로 무엇을 했는가, 그리고 어떤 결과를 만들어냈는가가 중요합니다.

'세계 일류 기업이 되자'는 추상적 목표를 '각 계열사가 세계 일류 제품을 최소한 1개 이상 만들자'로 구체화했습니다. 글로벌 기업과 전면전을 벌이면 백전백패입니다. 따라서 선택과 집중 전략을 택했습니다. 모든 제품을 다 잘 만들 수는 없습니다. 우리가 가장 잘할 수 있는 것 한두 가지를 선택해서 거기에 모든 역량을 집중합니다. 그래서 최소한 그 분야만큼은 세계 최고가 되자는 것입니다.

삼성전자는 메모리 반도체와 LCD를 선택했습니다. 1990년대 초 메모리는 일본이 장악하고 있었습니다. 하지만 삼성은 대규모 투자로 밀어붙였습니다. 불황기에도 투자를 멈추지 않았습니다. 경쟁사들이 투자를 줄일 때 오히려 늘렸습니다. 그 결과 1990년대 중반 세계 1위 메모리 반도체 기업이 되었습니다. LCD도 마찬가지였습니다. 1990년대 말 일본 샤프가 세계 1위였습니다. 삼성은 대규모 투자와 기술 개발로 추격했습니다. 2000년대 중반 세계 1위가 되었습니다.

삼성전자뿐 아니라 다른 계열사들도 마찬가지였습니다. 삼성전기는 MLCC, 제일모직은 세계 최고 수준의 원단을, 삼성건설은 세계에서 고층빌딩을 가장 잘 짓는 건설회사가 되자고 했고 신라호텔은 세계 최고의 서비스를 제공하는 호텔이 되자고 했습니다. 이렇게 각 계열사가 자신의 분야에서 세계 일류를 추구했습니다.

품질 개선 사례도 많습니다. 삼성전자 TV 리모컨이 대표적입니다. 과거 삼성 리모컨은 버튼이 너무 많았습니다. 40개가 넘는 버튼이 빽빽하게 배치되어 있었습니다. 엔지니어들은 기능이 많은 것이 좋다고 생각했습니다. 하지만 고객들은 혼란스러워했습니다. 어느 버튼을 눌러야 할지 몰랐습니다. 이에 따라 버튼 수를 과감히 줄이고 직관적으로 핵심 기능을 사용할 수 있도록 재설계하면서 고객의 편의성을 개선했습니다.

이건희 회장은 장기적으로 투자했습니다. 25년을 일관되게 흔들림 없이 질 경영을 추구했습니다. 그 결과가 오늘의 삼성입니다.

참고로 신경영을 시작한 1993년과 2012년의 삼성그룹의 성장 모습을 비교하면 다음과 같습니다.

신경영의 성과

삼성그룹 1993년 → 2012년 비교

구분	1993년	2012년
연계매출	29조	380조
세전이익	8000억	38조 원
직접수출	107억 달러	1,572억 달러
임직원수	14만 명	42만 명
총자산	4조 원	543조 원
납세액	1조 6,000억	13조 2,000억
시가총액	7조 6,000억	338조

오늘, 우리에게 주는 시사점

1993년 프랑크푸르트에서 시작된 삼성 신경영으로부터 25년이 지났습니다. 국내 1등이었지만 세계 3류였던 삼성은 세계 4위 브랜드로 도약했습니다. 이제 이 놀라운 변화가 우리에게 주는 교훈은 무엇인지 생각해 보겠습니다.

삼성은 양 중심에서 질 중심으로 패러다임을 전환했습니다. 그러나 여전히 많은 기업이 양적 지표에 집착하고, 분기 실적에 급급합니다. 측정 시스템을 바꿔야 하고, 평가 시스템을 바꿔야 하며, 500억을 태울 각오도 해야 합니다.

최종 소비자만 고객이 아닙니다. 직원, 협력사, 대리점, 사회 모두가 고객입니다. 협력업체를 착취하는 '갑질'은 결국 자신의 품질을 해치는 것입니다.

CEO들이 '혁신', '변화'를 외치지만 실제로는 아무것도 바꾸지 않는 경우가 많습니다. 상징적 행동을 보여야 하고, 희생을 감수해야 하며, 일관성을 유지해야 합니다.

업의 평균 수명은 30년 혹은 50년이라고 합니다. 중요한 것은 왜 그런 병에 걸리느냐입니다. 자족감과 자만심으로 면역력이 약해진 상황에서 '현실 안주', '무사 안일'이라는 바이러스가 침투하면 기업은 사망합니다. 이는 비단 기업에 국한된 얘기가 아닙니다. 기업, 국가, 자치단체 등 모든 조직에 다 적용되는 처방입니다.

대한민국은 선진국에 진입했습니다. 과거 성공에 도취되어 있지는 않은지 돌아봐야 합니다. AI 혁명, 인구 절벽이라는 새로운 환경 변화를 제대로 감지하고 있는지도 살펴봐야 합니다. 출산율 0.7명대, 세계에서 가장 빠른 고령화 속도, 심화되는 양극화가 엄연한 현실입니다. 숫자로 보면 선진국입니다. 하지만 구조적 위기는 이미 진행 중입니다.

기업만 혁신이 필요한 것이 아닙니다. 개인도 마찬가지입니다. 나의 현재 위치는 어디인가, 나의 강점과 약점은 무엇인가, 환경은 어떻게 변하고 있는가, 나의 과거 성공 공식이 미래에도 통할 것인가를 물어봐야 합니다. 개인의 삶도 양에서 질로 전환해야 합니다. 더 많이 벌기, 더 빨리 승진하기, 더 큰 집 사기에서 벗어나 의미 있는 일 하기, 일과 삶의 균형, 행복과 만족도를 향해 나아가야 합니다.

삼성 신경영은 25년이 걸렸습니다. 개인의 성장도 마찬가지입니다. 단기 성과에 급급하지 말아야 합니다. 10년, 20년, 30년 후를 생각하며 건강에, 관계에, 배움에 투자해야 합니다.

1993년 삼성은 세계화라는 도전 앞에 섰고, 창조적 신경영으로 성장했습니다. 2020년대 우리는 AI 혁명, 기후 위기, 인구 절벽, 양극화, 지정학적 불안이라는 도전 앞에 서 있습니다. 창조적으로 응전할 것인가 아니면 과거에 안주하다 쇠퇴할 것인가. 선택은 우리의 몫입니다.

삼성은 숫자가 좋을 때 개혁을 시작했습니다. 숫자가 나빠진 다음에는 이미 늦습니다. 조직에 에너지가 있을 때, 자원이 있을 때 바꿔야 합니다. 지금이 바로 그때입니다.

제2장

기업의 생존과 수명

기업도 죽는다

기업과 수명

　예수님의 부활이라는 종교적 예외를 제외하면, 인간은 반드시 죽음을 맞이합니다. 동서고금을 막론하고, 인종·종교·빈부의 차이를 떠나 죽음은 인간에게 보편적인 운명입니다. 아무리 건강관리를 잘하고 최고의 의료 혜택을 받아도 생의 마감은 피할 수 없는 숙명입니다. 그러나 기업은 다릅니다. 기업 가운데는 100년, 200년을 넘어 수백 년 이상 존립해 온 기업들이 존재합니다.

　일본의 금강조金剛組는 578년에 창업해 1,400년 넘게 존속했습니다. 독일의 슈타펠베르크 양조장은 1040년부터 지금까지 운영되고 있습니다. 더 나아가 앞으로도 계속 생존할 가능성이 열려 있는 기업들도 적지 않습니다. 이것이 인간과 기업의 가장 근본적인 차이입니다. 인간에게 수명은 숙명이지만, 기업에게 수명은 선택입니다. 기업은 환경 변화에 적응하고 스스로를 혁신한다면 영원히 생존할 가능성이 열려 있습니다.

그런데 흥미로운 역설이 있습니다. 인간의 평균수명은 의료 기술의 발전, 건강관리 지식의 확산, 국가 의료보험 제도의 정비, 식생활 개선 등에 힘입어 과거보다 꾸준히 길어지고 있습니다. 한국인의 평균수명은 1970년 62세에서 2025년 현재 84세 안팎으로 늘어났습니다.

반면 기업의 평균수명은 정반대의 흐름을 보이고 있습니다. 소비자 기호의 급변, 기술 혁신 속도의 가속화, 생산 기술의 진화, 글로벌 경쟁의 심화 등 기업을 둘러싼 환경 변화에 적응하지 못하면서 기업의 수명은 오히려 급격히 단축되는 경향을 보이고 있습니다.

이를 보여주는 통계는 매우 냉정합니다. 미국 S&P500 상장기업의 평균수명은 1958년 약 61년이었으나, 현재는 18년 이하로 줄어들었습니다. 2000년대 초반 포춘 500대 기업 중 절반 이상이 이미 시장에서 사라졌습니다. 영국의 경우 1948년 상장기업을 기준으로 할 때, 70년이 지난 후에도 생존할 기업은 1%에 불과하다는 분석이 있습니다. 미국의 공개 기업 역시 절반의 수명이 10년을 넘기기 어렵다는 전망이 나옵니다.

1990년대 초반 이건희 회장의 비서실장으로 재직하며 신경영을 추진할 당시, 우리는 이런 통계 앞에서 큰 충격을 받았습니다. 삼성이 아무리 국내에서 일등을 해도, 세계 시장에서는 언제든 사라질 수 있다는 위기감이 엄습했습니다. 제가 삼성에 입사한 1970년대와 비서실장을 역임한 1990년대, 그리고 현재를 비교하면 경영 환경의 변화 속도는 상상을 초월합니다.

1970년대만 해도 한국 기업들은 국내 시장에서 경쟁했습니다. 해외 기업과의 경쟁은 제한적이었습니다. 기술 변화도 비교적 느렸습니다. 제품 수명주기가 길었고, 한번 성공하면 10년, 20년은 그 성공을 누릴 수 있었습니다. 1990년대 들어 세계화가 본격화되면서 상황이 급변했습니다. 국내 시장이 곧 세계 시장이 되었습니다. 글로벌 기업들이 한국에 진출하고, 한국 기업도 세계로 나가야 했습니다. 기술 혁신 속도가 빨라지고 제품 수명주기가 단축되기 시작했습니다.

2000년대 이후 디지털 혁명, 인터넷 혁명, 모바일 혁명, AI 혁명이 연이어 일어났습니다. 한때 세계를 지배하던 기업들이 순식간에 무너졌습니다. 노키아, 블랙베리, 코닥, 모토로라가 그들입니다. 이들은 모두 한때 업계 1위였습니다. 기업의 수명이 짧아지는 이유는 명확합니다. 환경 변화 속도가 기업의 적응 속도를 앞지르기 때문입니다. 과거에는 10년에 한 번 변화에 적응하면 됐습니다. 지금은 매년, 아니 매달 변화에 적응해야 합니다.

2025년 현재, 한국 기업들은 또 다른 위기에 직면해 있습니다. 한국경제인협회의 최근 조사에 따르면, 한국 10대 수출 주력 업종의 경쟁력이 5년 뒤에는 모두 중국에 뒤처질 것이라는 전망이 나왔습니다. 현재 한국이 우위를 점하고 있는 반도체, 전기·전자, 선박, 석유화학, 바이오헬스 분야마저 2030년에는 중국에 추월당할 것으로 예상됩니다. 철강, 일반기계, 이차전지, 디스플레이, 자동차·부품은 이미 중국이 앞서 있습니다. 더 큰 문제는 가격 경쟁력, 생산성, 정부 지원, 전문 인력, 핵심 기술 등 거의 모든 면에서 중국이 한국을 앞서고 있다는 점입니다. 이것이 의미하는 바는 명확합니다. 지금 혁신하지 않으면 한국 기업의 수명은 더욱 단축될 것입니다.

손자병법에 "지피지기 백전불태知彼知己 百戰不殆"라는 말이 있습니다. 적을 알고 나를 알면 백 번 싸워도 위태롭지 않다는 뜻입니다. 소크라테스는 너 자신을 알라고 했습니다. 파스칼은 인간은 생각하는 갈대라고 했습니다. 이 모든 말이 시사하는 바는 하나입니다. 자기 인식과 냉철한 분석이 생존의 출발점이라는 것입니다. 기업도 마찬가지입니다. 자신의 위치를 정확히 알고, 경쟁자를 철저히 분석하고, 환경 변화를 예의주시할 때 비로소 생존 가능성이 열립니다.

기업에도 분명 수명은 존재합니다. 그러나 인간과 달리 기업의 수명은 절대적인 제약을 받지 않습니다. 기업은 환경 변화에 적응하고 스스로를 혁신한다면 장수할 수 있으며, 반대로 기술 혁신의 흐름, 소비자 욕구와 기호의 변화, 정책과 제도의 변화에 제대로 대응하지 못하면 그 수명은 급격히 단축됩니다.

제가 삼성에서 40여 년간 경영 일선에서 체득한 교훈이 있다면 바로 이것입니다. 살아남는 기업은 우연히 살아남는 것이 아닙니다. 변화 속에서 스스로를 끊임없이 다시 태어나게 만든 기업이 살아남습니다.

그렇다면 실제로 기업의 흥망성쇠는 어떻게 일어날까요? 122년간의 다우존스 산업평균지수 역사가 이를 명확히 보여줍니다.

기업의 흥망성쇠 결정요인

다우존스 산업평균지수는 1896년 제너럴 일렉트릭GE 등 12개 대표 기업의 일평균 주가로 처음 산출되었습니다. 이후 1928년 구성 종목이 30개로 확대되어 오늘날까지 미국 주식 시장을 대표하는 지수로 활용되고 있습니다. 그러나 이 30개 기업의 면면은 결코 고정되어 있지 않았습니다. 오히려 다우존스 종목의 변화 자체가 곧 미국 산업의 변천사이자 기업 흥망성쇠의 역사라 해도 과언이 아닙니다.

초창기 다우존스에는 석유, 석탄 등 에너지 기업들이 다수 포함되어 있었습니다. 19세기 말 미국은 산업혁명의 한가운데 있었고, 에너지 산업이 경제의 중심축이었습니다. 그러나 1980년대 이후 미국 산업의 중심축이 제조업에서 서비스 산업으로, 다시 정보통신과 IT

산업으로 이동하면서 지수 구성 기업도 급격히 변화하기 시작했습니다.

1997년, 웨스팅하우스가 다우존스에서 빠지고 인텔과 마이크로소프트가 새롭게 편입되었습니다. IT 혁명의 시작이었습니다. 웨스팅하우스는 한때 미국 제조업의 상징이었습니다. 그러나 시대의 변화를 읽지 못하고 IT 혁명의 파도에 올라타지 못하면서 역사의 뒤안길로 사라졌습니다.

2004년에는 더욱 충격적인 사건이 일어났습니다. 코닥이 다우존스에서 퇴출된 것입니다. 한때 사진의 대명사였던 코닥, 필름 시장을 장악했던 그 코닥이 무너진 것입니다. 아이러니하게도 코닥은 1975년 세계 최초로 디지털 카메라를 개발한 회사였습니다. 그러나 경영진은 디지털이 기존 필름 사업을 잠식할 것을 우려해 이 기술을 사장시켰습니다. 과거의 성공에 안주하며 미래를 외면한 대가는 혹독했습니다. 2012년 코닥은 결국 파산보호 신청을 했습니다.

2008년 글로벌 금융위기는 또 다른 전환점이었습니다. 자동차 산업의 상징 제너럴 모터스GM가 다우존스에서 퇴출되었습니다. 100년 넘게 미국 자동차 산업을 이끌던 제너럴 모터스는 변화하는 시장 환경에 적응하지 못했습니다. 일본 자동차의 연비와 품질에 밀렸고, 경직된 노조와 비대한 조직은 혁신을 가로막았습니다. 2015년에는 AT&T가 빠지고 애플이 편입되었습니다. 통신 산업의 거인이 물러나고, 스마트폰으로 세상을 바꾼 혁신기업이 그 자리를 차지했습니다. 유선전화 시대가 끝나고 모바일 시대가 본격화된 것입니다.

2018년 6월 26일, 저는 그날 뉴스를 보며 깊은 충격에 빠졌습니다. 제너럴 일렉트릭GE이 다우존스에서 퇴출된다는 소식이었습니다. 122년 만의 일이었습니다. 1896년 다우존스 지수가 만들어졌을 때부터 함께했던 마지막 원년 멤버가 사라지는 순간이었습니다. 제너럴 일렉트릭은 토머스 에디슨이 창업한 회사입니다. 전구를 발명하고, 전력 산업을 개척하고, 20세기 미국 산업을 이끈 위대한 기업이었습니다. 잭 웰치 회장 시절에는 세계 최고의 경영으로 칭송받았습니다.

그런 제너럴 일렉트릭이 왜 무너졌을까요? 핵심은 하나입니다. 과거의 성공 방식에 집착하며 변화를 외면했기 때문입니다. 잭 웰치 이후 제너럴 일렉트릭은 금융업에 과도하게 의존했고, 제조업 기반을 소홀히 했습니다. 2008년 금융위기 때 큰 타격을 받았고, 이후 회복하지 못했습니다.

2024년 8월, 또 하나의 상징적인 사건이 벌어졌습니다. 한때 세계 반도체 산업을 지배했던 인텔이 다우존스에서 퇴출되고, AI 칩 전문 기업 엔비디아가 새롭게 편입된 것입니다. 인텔은 1990년대부터 2000년대까지 PC 시대를 지배했습니다. 'Intel Inside'라는 로고는 품질과 성능의 상징이었습니다.

그러나 인텔은 두 가지 결정적 실수를 했습니다. 모바일 혁명에 뒤처졌고, AI 혁명에 대응하지 못했습니다. GPU 기반의 AI 연산 시장을 엔비디아에 내주었습니다. 반면 엔비디아는 게임용 그래픽 카드 회사에서 AI 혁명의 핵심 기업으로 변신했습니다. 젠슨 황 CEO는 일찍이 AI 시대를 예견하고, GPU가 AI 연산에 최적화되어 있다는 점을 간파했습니다. ChatGPT를 비롯한 모든 생성형 AI는 엔비디아의 칩으로 구동됩니다. 이것은 단순한 기업 교체가 아닙니다. PC 시대의 종언과 AI 시대의 개막을 상징하는 사건입니다.

다우존스 지수의 122년 역사가 우리에게 주는 교훈은 명확합니다. 아무리 위대한 기업도 변화하지 않으면 사라진다는 것입니다. 과거의 영광은 미래를 보장하지 않습니다. 그렇다면 살아남는 기업의 조건은 무엇입니까? 변화의 신호를 조기에 감지하는 능력, 과거의 성공에 대한 집착을 버리는 용기, 지속적인 혁신과 자기개혁의 의지, 고객과 시장의 목소리에 귀 기울이는 겸손함, 위기의식을 잃지 않는 긴장감입니다.

기업의 흥망성쇠를 결정하는 것은 자본의 크기도, 역사의 길이도, 브랜드의 명성도 아닙니다. 변화에 대응하는 속도와 혁신을 실행하는 용기입니다. 다시 말하면 기업이 글로벌 경쟁력이 있느냐 없느냐에 달려 있는 것입니다.

그렇다면 변화에 대응하고 혁신을 실행하는 힘, 즉 기업이 살아남기 위한 핵심 조건은 무엇일까요? 바로 '경쟁력'입니다.

제3장

경쟁력의 이해

선택받는 이유가 경쟁력이다

경쟁력의 의미와 중요성

　경영자가 잠자는 시간을 제외하고 늘 노심초사하는 것은 무엇일까요. 회사가 처한 현실과 경쟁 상황, 업종의 경기 사이클, 글로벌 시장에서의 위치에 따라 고민의 내용은 다를 수 있습니다. 하지만 치열한 글로벌 시장 경쟁, AI 등 급속한 기술 혁신, 보호무역주의의 대두, 우크라이나와 중동 전쟁 같은 지정학적 리스크, 미국과 중국 간의 선방위적 대결 등 불확실한 미래 환경 속에서 모든 경영자가 공통적으로 품는 질문이 있습니다.

　어떻게 하면 글로벌 경쟁에서 낙오되지 않고 살아남을 수 있을까 하는 것입니다. 죽느냐 사느냐, 이것이 현재 모든 경영인의 긴급 과제입니다.

그렇다면 살아남기 위해서는 무엇을 어떻게 해야 할까요. 자본주의, 시장경제 체제하에서 독과점 상황이 아닌 한, 치열한 시장 경쟁은 숙명입니다. 따라서 살아남기 위해서는 자기 회사의 제품이나 서비스가 경쟁에서 낙오되지 않아야 하며, 낙오되지 않기 위해서는 경쟁력이 있어야 합니다. 경쟁력이 있으면 살고, 없으면 죽습니다.

이런 의미에서 경쟁력이야말로 경영자가 늘 고심하고 24시간 뇌리에서 떠날 수 없는 숙명적 과제이며, 경영의 알파와 오메가입니다. 수익성, 재무건전성, 효율성 등도 경영의 주요 요소이고 경영자들의 핵심 관심 사항이지만, 경쟁력은 이런 경영 요소들이 충족될 수 있는 기반이자 출발점입니다.

혹자는 회사의 지배구조가 중요하며, ESG 경영, 밸류업 경영을 해야 성장 발전하고 좋은 회사가 될 수 있다고 주장합니다. 물론 이것들이 중요한 경영 방향이고 전략입니다. 하지만 좋은 회사, 성장 발전은 그 회사가 존재하고 난 후 논의될 과제가 아닐까요. 기업이 경쟁에서 낙오되어 존폐 기로에 서 있는데 좋은 지배구조, ESG 경영, 밸류업 경영을 부르짖는 것은 사치스러운 이야기입니다.

아무리 바람직한 지배구조, ESG, 밸류업 경영을 한다고 해도 그것이 바로 경쟁력으로 연결되는 것은 아니며, 경쟁력이 생길 수 있는 주요 요소 중의 하나에 불과합니다. 지배구조 문제를 논하는 것도 그 자체로서는 의미가 없으며, 글로벌 경쟁력을 강화시키기 위해서는 어떤 지배구조가 좋은지라는 관점에서 다뤄야 합니다.

경쟁력의 본질

어떤 회사의 제품이나 서비스가 다른 회사의 것과 비교해서 시장에서 경쟁력이 있는지 없는지를 판단하는 주체는 누구일까요. 물론 정부나 시민단체나 생산자인 기업이 아니고 시장 소비자, 고객입니다. 고객이 경쟁력 유무의 결정권자이고, 이런 의미에서 기업의 생사여탈권자는 고객, 시장 소비자입니다.

그러면 고객은 시장에서 어떤 상품, 서비스를 더 선호할까요. 이것이 바로 경쟁력 유무의 잣대가 되는 것이고, 고객이 다른 제품에 비해 더 좋아하고 선택하는 요소가 바로 경쟁력 발생의 원천입니다. 일반적으로 소비자는 시장에 나와 있는 수많은 상품과 서비스 중 가격이나 성능, 디자인, 수리·교환과 같은 사후 서비스, 배송 기간 등 여러 각도에서 자기 기호와 욕구를 감안하여 최적의 것을 선택하기 마련입니다. 결국 뭔가 특징 있고, 더 매력적이고 경제적이며, 좀 더 친절하고 빠른 것을 선택하기 마련입니다.

경쟁력의 본질은 차별화입니다. 나만이 가지고 있거나Only, 내가 좀 더 많이 가지고 있을 때More 차별화가 이뤄집니다. 이렇게 될 때 경쟁력이 생기게 됩니다. 따라서 누구나 다 하는 것, 또는 누구한테나 다 있는 것이거나One of them 표준과 기준인 스탠더드, 또는 매뉴얼을 따라 하는 것만으로는 차별화가 되지 않습니다. 나만의 특별한 것 또는 다른 사람, 다른 기업과 다른 무엇이 있을 때 비로소 차별화가 생겨 경쟁력이 되는 것입니다.

1980년대 중반, 제가 호텔신라 대표이사로 재직할 때의 일입니다. 세계 일류 호텔 연구에 골몰하던 중 모로코 마라케시에 있는 라 마무니아 호텔 이야기를 듣고 생각에 잠겼습니다. 아프리카 북부에 위치한 모로코는 선진국도 아니고 무덥기 짝이 없는 곳이며, 그중에서도 마라케시는 내륙에 있기 때문에 접근하기 불편합니다. 그런데 왜 이런 곳에 위치한 마무니아 호텔은 처칠, 히치콕 등 세계적인 명사들이 찾는 명소가 되었을까요.

저는 처칠이 세계에서 가장 사랑스러운 장소라고 말한 마무니아 호텔의 비밀이 알고 싶어 각종 잡지와 서적을 뒤졌습니다. 오렌지나무 숲, 아름다운 수영장, 성벽 안에 들어선 입지 조건 등은 감탄이 절로 나오는 마무니아의 빼어남이었습니다. 그러나 그것만으로 이곳을 세계의 명사들이 찾게 하는 비결이라고 보기에는 무리가 있었습니다. 이보다 더 나은 입지 조건과 훌륭한 시설이 가득한 호텔은 많기 때문입니다.

자료를 찾던 중 한 줄의 기사에 눈이 멈추었습니다. 라 마무니아 호텔은 기계식 자동문이 아닌 언제나 웃음으로 맞아주는 직원들을 만나게 된다는 내용이었습니다. 바로 이것이었습니다. 하드웨어가 아닌 소프트웨어, 시설이 아닌 사람이 그 호텔의 진정한 경쟁력이었던 것입니다.

호텔을 이용할 때 제일 먼저 손님을 맞이하는 사람은 호텔 도어맨입니다. 도어맨이 고객의 자동차 문을 열어주며 정중히 인사를 한다면 이런 서비스는 경쟁력이 있을까요. 어느 정도 수준의 호텔에서는 이 정도의 도어맨 서비스는 보통입니다. 평범한 수준의 서비스에 불과합니다One of them.

그런데 여기서 한 걸음 더 나아가 고객의 이름을 부르며 오랜만이라고 인사하고, 해외출장 다녀오셨다며 반긴다면 어떨까요. 통상의 도어맨 서비스와 비교해 특별하고 다르지 않습니까. 이것이 경쟁력입니다Only and more.

저는 즉시 담당 부장을 불렀습니다. 도어맨들이 차량 번호와 고객 이름을 얼마나 아는지 대회를 열기로 했습니다. 우승자에게는 푸짐한 상품도 주고 상금도 주기로 했습니다. 3주 후 열린 도어맨 차량 번호 맞추기 대회에서 우승자는 무려 1천 개의 차량 번호를 외운 사람이 차지했습니다.

고객이 물을 달라고 해서 갖다주면 가장 낮은 단계의 서비스입니다. 요구하기 전 미리 주는 사전 서비스가 한 차원 높은 것입니다. 그런데 그보다 높은 서비스는 나를 알아주는 서비스입니다. 고객의 이름을 알아주고 그들의 취향을 먼저 알아 챙겨주는 서비스로 나아가야 합니다.

경쟁력의 특성

경쟁력을 강화시키려면 치열한 경쟁 생태계를 만들어야 합니다. 온실 속에서 자란 나무는 혹한이나 비바람, 혹서를 견디지 못하고 죽습니다. 노르웨이 어부들은 정어리를 잡아 항구까지 실어 나르는 동안 정어리가 죽지 않도록 수조에 메기 한 마리를 넣었다고 합니다. 메기라는 천적이 있으면 정어리들이 긴장하여 살아남기 위해 계속 움직이기 때문에 싱싱하게 살아 있다는 것입니다. 경쟁이 없으면 나태해지고, 경쟁이 있으면 긴장하고 발전한다는 것을 보여주는 좋은 사례입니다.

오늘날 남한과 북한의 경제 규모에는 엄청난 격차가 있습니다. 1945년 광복될 때는 정반대였습니다. 주요 산업 시설, 발전 설비는 모두 북한에 있었고 남한은 농업이 주였습니다. 그리고 원래 북한 사람들은 남한 사람들에 비해 평균적으로 억척스럽고 열심히 한다고들 합니다. 그런데 70여 년이 지난 지금, 왜 이런 경제력의 격차가 발생한 것일까요. 체제 때문입니다.

남한은 사유재산제도와 시장경제 원리를 도입함으로써 주인의식과 경쟁 원리가 몸에 배어 있는 데 반하여, 북한은 공산주의, 국가계획경제 체제로 인하여 정반대로 공동소유, 공동분배와 배급제도가 도입되어 경쟁할 필요가 없을 뿐 아니라 아무리 열심히 해 봐도 내 것이 되는 것이 아니고 또 내가 더 많은 소득이나 몫을 차지하는 것도 아니기 때문에 열심히 노력, 고민, 연구할 동인이 없어진 결과입니다. 경쟁 체제가 아니기 때문에 경쟁력이 생기지 않은 결과가 이런 엄청난 격차인 것입니다. 소비에트 연방의 해체에서도 그 예를 볼 수 있습니다.

우리나라 정부 수립 후 오늘 현재까지 역대 정부가 빠짐없이 역점 정책으로 내건 것이 바로 농업, 농촌과 중소기업의 보호육성입니다. 그러면 70여 년이 지난 지금 이런 정책을 성공했다고 할 수 있을까요. 물론 70여 년 전에 비해 우리나라 농업과 중소기업이 양적이나 질적으로 괄목할 만한 성장, 발전을 이룩한 것은 틀림없습니다.

하지만 상대적으로, 다른 선진국의 농업과 중소기업의 경쟁력과 비교해 봤을 때 그 격차가 과거에 비해 축소되었을까 하는 관점에서 본다면 문제가 있지 않을까 하는 생각이 듭니다. 앞에서 강조한 바와 같이 농업과 중소기업의 육성 정책은 경쟁력 강화 정책이어야 하며, 그러려면 치열한 경쟁 생태계를 만들어 줘야 합니다. 온실 속에서의 단순한 보호 정책은 경쟁력을 약화시키는 결과만을 초래합니다.

물론 이런 정책 수행 과정에는 현실적으로 많은 애로가 분명 있습니다만, 큰 방향을 놓치면 결국에는 더 큰 폐해를 자초하게 마련입니다. 우리나라의 전자 산업은 삼성과 LG의 숙명적인 라이벌 관계로 치열한 경쟁 생태계가 조성되어 오랜 기간 자존심을 건 경쟁을 한 결과 국제 경쟁력이 강화된 좋은 예라 할 것입니다.

경쟁은 피곤하고 고달픕니다. 결과는 냉혹하고 필연적으로 격차, 차이를 초래합니다. 경쟁을 두려워하고 피하고 싶고, 경쟁 안 하고 편하게 지내기를 바라는 까닭입니다. 이는 인간의 속성입니다. 그러나 세계 경제 질서가 사유재산제도와 시장경제를 축으로 하는 자본주의 체제인 한, 우리가 살아남으려면 경쟁은 피할 수 없는 숙명입니다. 이를 피한다면 가난과 도태라는 결과만이 기다릴 뿐입니다. 이것이 엄연한 현 글로벌 경제 환경입니다.

한편으로는 경쟁에서 낙오되고 약자로 전락하는 사람들을 위한 사회 정책, 안전망 설계가 아울러 필수적으로 강구되어야 합니다. 오늘의 사유재산제도와 시장경제 체제는 치열한 경쟁 생태계를 만들어 그 나라의 글로벌 경쟁력을 강화시킴과 동시에 또 한편으로는 부작용들인 양극화 문제, 부의 편중 문제, 불공정 거래 문제 등을 최소화할 수 있는, 자본주의와 시장경제의 부작용을 보완·보정하는 정책이 병행, 강구되어야 자본주의가 건전하게 유지, 발전될 수 있는 것입니다.

문제는 어느 쪽에 더 무게를 두느냐 하는 것입니다. 일률적으로 말할 수는 없습니다만, 그 나라와 그 사회 구성원들의 컨센서스에 의하여 방향과 무게 중심을 어디에 둘 것인지가 결정되는 것이고, 결국은 그 나라 그 사회가 처한 상황에 따라 비교형량하여 결정할 수밖에 없다고 할 것입니다.

경쟁을 통해 만들어진 경쟁력에는 또 하나의 중요한 특성이 있습니다. 바로 경쟁력은 영원하지 않다는 것입니다. 경쟁력은 반드시 이전됩니다.

경쟁력 이전의 법칙

이 세상에 영원한 강자는 없습니다. 2천 년 동안 세계를 호령한 로마제국이 멸망했고, 해가 지지 않는다고 자랑하던 대영제국도 결국 제국의 자리를 미국에 물려줬습니다. 현재 세계를 주무르고 있는 미국도 언젠가는 그 자리를 넘겨줄 수밖에 없을 것입니다. 50년 후인가 100년 후인가 하는 시간 문제일 따름입니다.

경제 문제도 마찬가지입니다. 어느 한 나라 또는 한 기업이 특정 산업이나 품목을 영원히 지배할 수는 없습니다. 조선은 영국에서 미국으로, 일본으로, 한국으로 이전되었습니다. 자동차는 영국에서 미국, 독일, 일본으로 넘어갔습니다. 메모리 반도체는 미국에서 일본, 한국으로 이전되었습니다. 섬유는 영국에서 미국, 일본, 한국, 중국으로 옮겨갔습니다. 이것이 곧 세계 정치사, 경제사의 변천 과정이었습니다. 역사의 법칙이기도 합니다.

왜 이런 현상이 빚어질까요. 두말할 것도 없이 경쟁력이 이전되기 때문입니다. 시간이 얼마나 걸리느냐의 차이가 있을 뿐 경쟁력은 필히 이전되게 마련입니다. 이를 경쟁력 이전의 법칙이라고 부르고 싶습니다.

경쟁력 이전 법칙의 시사점과 우리의 대책은 무엇일까요. 한마디로 유비무환입니다. 이병철 삼성 회장은 호황일 때 불황에 대비하고 불황일 때 호황을 준비하자고 했습니다. 잘나갈 때 자만하지 말고, 다 어렵다고 할 때 치고 나가자는 것입니다.

지금 우리는 무엇을 먹고 삽니까. 반도체, 스마트폰, 자동차, 철강, TV 등 전자와 가전 제품을 수출해서 먹고 살아가고 있습니다. 그러나 이런 품목들은 다 아는 바와 같이 우리가 창조한 것이 아닙니다. 글로벌 경제 전쟁에서 경쟁력을 쟁취한 것입니다. 이런 품목들의 경쟁력이 앞으로 다른 나라로 이전될 수밖에 없는 이유입니다.

언제까지 우리가 이런 품목의 경쟁력 강자의 자리를 유지할 수 있을까요. 이미 조선은 강자의 자리를 넘겨주고 있으며 철강도 일부 품목을 제외하면 중국으로 이미 넘어갔습니다. 스마트폰 또한 주지하다시피 저가 품목 중심으로 이미 중국 업체에 자리를 내줬으며, 메모리 반도체마저도 중국의 강력한 도전에 직면하고 있습니다.

어떤 품목을 세계의 강자로 키우기 위해서는 막대한 투자와 오랜 기간이 소요됩니다. 기득권자인 세계 시장 지배자와 운명을 건 세계 대전을 치러야 하며, 그 전쟁에 지면 망할 수도 있는 리스크 테이킹과 도전이 있어야 합니다.

우리나라 정부와 기업이 이러한 준비가 되어 있습니까. 우리의 현실은 어떻습니까. 막대한 투자를 하고 있나요. 모든 것을 건 리스크 테이킹을 하고 있나요. 우리 경제와 기업의 중대한 위기 국면입니다. 결단이 필요합니다. 전기를 마련하기 위한 획기적인 정책이 요구되는 시점입니다.

어떻게 하면 될까요. 현재 우리가 먹고사는 산업과 품목의 경쟁력이 다른 나라, 다른 기업으로 이전되는 시기를 최대한 늦추어 시간을 벌어들임과 동시에 이 기간 동안 신성장 동력이라 할 산업과 품목을 발굴해야 합니다. 말은 쉽지만 이렇게 하려면 막대한 투자, 특히 연구 개발 투자가 있어야 하고 그 분야 세계 일류 인재의 육성과 영입이 수반되어야 합니다.

기업은 어떻게 대처해야 할까요. 스스로에게 다음 질문을 항상 해야 합니다.

"우리 그룹은, 우리 회사는 현재 무엇을 먹고사는가. 언제까지 이것으로 먹고살 수 있을 것인가. 이 다음에는 무엇으로 먹고살아야 하나. 지금 우리는 무엇을 어떻게 해야 할까. 그 준비는 되어 있는가."

5년, 10년 후를 내다보고 국내뿐 아니라 세계 전체 시장의 경쟁 상황을 체크함과 동시에 자기 회사와 경쟁 상대방의 경쟁력을 원가, 품질, 디자인, AS, 마케팅, 기술력 등 항목별로 비교 분석하여 자기의 현 위치, 그러니까 격차를 확인하고 격차가 크고 열세인 항목의 경쟁력 강화 방안을 마련한 다음 중장기 실천 전략을 수립해야 합니다.

여기서 놓쳐서는 안 되는 것이 사람입니다. 경쟁력이 열세인 부분에 대한 1차적인 대책은 사람입니다. 그 분야 또는 항목에 대하여는 아주 치밀하게 세부적인 기술까지 구체적으로 분석한 후, 경쟁력이 떨어지는 핵심 기술이 무엇인지 정밀 파악하고 철저한 대책을 강구해야 합니다. 인재를 스카우트할 것인지, 직접 양성할 것인지, 아니면 그 인재가 있는 회사를 흡수합병, 인수할 것인지 등 방법론을 확정한 후 실천해야 합니다.

삼성이 반도체를 시작할 때 이병철 회장은 미국의 반도체 전문가와 반도체 회사의 연구 인력 중 한국계 교수나 기술자를 직접 접촉, 영입하는 등 인력 확보에 심혈을 기울였습니다. 삼성 경영의 핵심은 인재제일입니다. 처음부터 우수한 인재를 입사시킨 다음, 철저하게 교육을 하여 국내 제일의 삼성맨으로 양성하고 엄격한 신상필벌과 철저한 성과주의에 의해 정실이 아닌, 오직 업적과 업무 성과에 의해 급여, 연봉, 상여금과 승진자를 결정하는 것입니다.

이렇게 하기 위하여 국내 최초로 1960년대 초부터 대졸 신입사원 공개채용제도를 도입하였고 국내 최고 수준의 급여, 복리후생을 보장하고, 세계 일류 수준의 교육훈련 시설과 프로그램을 만들었습니다. 1980년대 중반 당시 미국 크라이슬러 자동차회사 CEO인 아이아

코카 회장이 이병철 회장 초청으로 한국을 방문하여 전국의 삼성 사업장을 둘러보고 나서 용인 인재교육원의 시설과 교육 프로그램을 보고 놀랐다며, 가장 인상적이고 삼성의 미래가 보였다고 했습니다.

삼성이 얼마나 인재를 중시하느냐, 일화는 많습니다. 삼성 생활 30여 년 동안 그룹 회장으로부터 질책을 당한 것이 두 건 정도 있었던 것으로 기억나는데 그중 하나는 호텔신라 대표이사로 근무하고 있던 1989년 1월께 지방 호텔에서 간부들과 다음 해 경영 전략회의를 끝내고 취침 중인 새벽 1, 2시에 벌어진 일입니다. 이건희 회장이 내일 오전 10시까지 회장 방으로 오라고 전화를 했습니다.

분위기가 심상치 않아 좋은 일은 아닌가 보다 각오하고 다음 날 삼성 본관 28층 회장실로 갔더니 왜 호텔에서 가장 중요한 주방 조리사와 중견 서비스맨 30여 명을 다른 호텔에 빼앗겼느냐며, 당장 다시 데려오라고 질책했습니다. 월급을 2배로, 2단계 승격시켜 준다는 등 파격적 유인책으로 빼앗겼다고 보고하고, 이후 약 40여 명을 역스카우트해서 빼앗아왔다고 해서 겨우 그 자리를 모면했습니다.

이병철 회장은 정치 권력과의 관계에 대해 평소, 불가근 불가원不可近不可遠, 즉 가까이 하지도 말고 너무 멀리 하지도 말라고 늘 강조했습니다. 그런데 반도체 사업 진출을 결심하고 전문 인력을 직접 영입하는 등 연구 개발에 전념하고 있는데 뒤늦게 반도체 사업에 뛰어든 그룹이 삼성 반도체 핵심 인력을 스카우트해 갔습니다. 어지간한 일에는 직접 나서지 않고 사장이나 비서실장을 시키는 게 통상인데 이번만은 직접 나서서, 이런 식이면 반도체 사업을 할 수 없다고 정부 당국에 강력히 항의해 결국 원대 복귀시켰습니다.

삼성은 교육 우선주의입니다. 사장단이라 해도 교육 강사로 차출되면, 그날 외부 회의나 해외출장 계획이 잡혀 있다 하더라도 교육 강의가 우선입니다. 또 교육 대상자로 지명되면 정말 특별히 예외적 경우 외에는 대부분 참석합니다.

세계 일류 국가, 세계 일류 기업이란 일류 인재를 세계에서 가장 많이 보유한 곳입니다. 세계적으로 우수한 일류 대학이 제일 많아 우수 인재를 가장 많이 자체 양성하든지, 각국의 인재들이 제일 많이 모여들든지, 어떻게든 우수 인재를 제일 많이 가지고 있는 국가와 기업이 일류인 것입니다.

미국이 왜 일류 국가입니까. 세계 일류 대학이 가장 많고 각국에서 우수한 인재들이 아메리칸 드림을 꿈꾸면서 미국으로 모여들어 두뇌 일류 국가가 되었기 때문입니다. 현 시점의 경제 전쟁은 두뇌 전쟁입니다. 세계적으로 우수한 인재와 두뇌 쟁탈전입니다.

세계의 우수한 인재가 모여들기 위해서는 그 사회에 개방성이 있어야 합니다. 그 문화는 포용하는 용광로 문화여야 합니다. 폐쇄주의와 끼리끼리 문화로는 안 됩니다. 로마와 미국이 이런 포용 문화, 용광로 문화의 대표적인 예입니다.

로마 황제 중 많은 사람이 로마 시민이 아니고 식민지 출신입니다. 미국은 흑인 대통령을 배출했습니다. 고여 있는 물은 썩습니다. 순혈주의보다는 혼혈주의여야 합니다.

지금까지 경쟁력의 의미, 본질, 특성, 그리고 이전의 법칙을 살펴봤습니다.

다음에는 어떻게 하면 이런 경쟁력이 생기는지를 알아 봅시다.

제4장

경쟁력 제고 전략

이 세상에 공짜는 없다

주인의식, 경쟁의식이 있어야 합니다

주인의식

경쟁력을 만들기 위해서는 노력과 투자가 필요합니다. 그렇다면 사람들은 언제 진정으로 열심히 노력할까요. 우리는 '내 것'일 때, 또는 일한 결과가 '내 것이 된다'고 생각할 때 열심히 합니다. 주인의식이 있을 때 열심히 합니다.

호텔에 근무할 때 이병철 회장과 사장단 회의가 있었는데, 당시 주제가 '회장인 나하고 사장단 여러분하고 왜 이렇게 생각의 차이가 많으냐'는 것이었습니다. 원인은 두말할 것도 없이 주인의식의 차이입니다. 이건희 회장의 비서실장으로 근무할 때 1주에 2, 3번은 새벽

1시나 2시에 전화가 걸려 오고는 했습니다. 저는 잠을 자고 있을 때입니다. 그러나 회장은 그 시간에 여러 가지 고민, 계획, 구상 등을 하다가 저를 부르는 것입니다.

제아무리 열심히 하는 사장, 비서실장이라고 하더라도 주인인 회장만큼 고민하고 노력하지는 않습니다. 잘 때는 잡니다. 여기에 주인인 오너와 전문경영인 간 차이가 있습니다. 주인의식에서 차이가 있는 것입니다.

분명히 얘기할 수 있습니다. 도전정신, 의욕, 능력, 도덕성 등 다른 조건이 동일하다면 오너경영인이 전문경영인보다 바람직하다고 말입니다. 문제는, 회사 일을 회장 혼자 할 수 없는 것이고 구성원들이 열심히 해줘야 할 텐데 어떻게 그들로 하여금 열심히 하도록 할 것인가, 단순한 직장인으로서 급여를 받고 일하는 구성원들이 어떻게 주인의식을 갖도록 할 것인가 하는 것입니다. 이것이 핵심입니다.

모든 경영인이 고민하는 공통 과제입니다. 매우 유능한 경영인이라고 할지라도 주인이 아닌 회사원들을 주인으로 둔갑시킬 수는 없는 것이고, 주인 아닌 사람들에게 주인의식을 가지라고 해 본들 무슨 소용이 있겠습니까.

저는 이 주인의식의 힘을, 역설적인 방식으로 직접 경험한 적이 있습니다. 1991년 3월, 호텔신라를 상장시키며 경영자로서 인생의 정점에 있다고 생각하던 시절이었습니다. 그런데 느닷없이 비서실장으로부터 전화가 왔습니다. "그동안 고생 많으셨습니다. 호텔신라에서 보여줬던 그 능력으로 삼성시계를 살려보쇼." 이건희 회장의 통보였습니다. "마른하늘에 날벼락"이란 이런 때 쓰는 말인가 보다 싶었습니다.

삼성시계는 호텔신라와 비교도 안 되는 그룹 내 서자 같은 존재였습니다. 사장으로 가는 것이었지만 이것은 명백한 좌천이었습니다. 매출액, 영업이익, 자산도 초라했고 무엇보다 삼성시계는 만년 적자 기업이었습니다. 설립된 지 3년, 자본 잠식이 다 되어 이미 부도가 났어야 할 상황이었습니다.

잠시 방황의 시간이 찾아왔습니다. 명예롭게 사표를 던지고 나갈까, 혼신의 힘을 다해 회사에 몸 바친 대가가 이건가, 혼란스러웠습니다. 그러다 첫 출근하던 날 직원들의 눈빛을 보면서 마음이 정리되었습니다. 바닥난 의욕과 사기, 매번 바뀌는 사장, 끝없는 적자, 한국인 사장보다 일본인 부사장의 권력이 커서 거기에 줄을 서는 직원들. 겹겹이 산적한 문제들을 보니 오히려 경영자로서 오기가 발동했습니다. 어차피 그만둘 거, 벼랑 끝에 섰으니 본때는 보여주고 그만두겠다, 2년만 죽도록 해보자는 생각이 들었습니다.

삼성시계에 부임하는 날, 사부실에 들어가서 제일 먼저 작성한 서류는 사직서였습니다. 사직서는 직장인의 유서입니다. 죽을 각오를 한 것입니다. 정성스럽게 도장을 찍은 그 사직서를 봉투에 넣어, 그 날부터 삼성시계를 퇴사하는 날까지 양복 안주머니에 넣고 다녔습니다.

사직서가 안주머니에 들어 있자 행동에 거침이 없었습니다. 삼성시계의 실세였던 세이코 측 일본인 부사장을 대하거나 누구를 만나더라도 할 말을 하고 눈치를 보지 않았습니다. 첫 임원 회의에서 부도 상황인데 왜 이렇게 사장실이 크냐, 우리가 태평로 본관에 있는 게 맞냐고 직격탄을 날렸습니다. 임원들이 삼성의 자존심이라고 당당히 답하자, "그럼 직원 월급도 그래서 똑같이 주는 건가요. 이렇게 계속 자본을 잠식하자는 말이오!" 하고 다시 몰아붙였습니다.

2, 3만 원짜리 시계를 파는 곳에서 반도체를 생산하는 삼성전자와 직원 임금이 같고 사장 월급도 잘나가는 계열사와 동일하다니, 구멍도 이런 구멍이 없었습니다. 전임 사장들도 다 알고 있었으나 철벽같은 시스템을 건드리지 못하고 순응했습니다. 어차피 사표를 품고 있는 나로서는 그런 불명예를 받아들일 수 없었습니다.

즉시 본사를 태평로에서 성남으로 옮기고 공장도 창원에서 성남으로 이전했습니다. 월 만 개 생산에서 3천 개로 줄이고, 성남으로 올라오지 못하는 직원은 퇴직금에 위로금을 더해 명예퇴직시키거나 판매 사원으로 전환했습니다. 이것은 당시 대한민국 최초의 구조조정이었습니다.

원성이 하늘을 찔렀습니다. 호텔신라에서 들은 욕의 열 배를 개혁한 달 만에 들으며 살았습니다. 그러나 전과 달리 외롭거나 두렵지 않았습니다. 안주머니에는 늘 사직서가 있었기 때문입니다. 손 뗄 준비를 하고 있었기에 어떤 최악도 두렵지 않았습니다. 돌이켜 보면 이

때가 가장 용감했던 시기였습니다. 쓰디쓴 풀뿌리를 씹는 심정으로 나 스스로도 성남 공장 옆으로 사장실을 옮기며 솔선수범했습니다.

사장의 그런 모습을 보자 마음을 여는 직원들이 차츰 생겨났습니다. 주인이 아닌 자리에서, 오히려 사직서를 품은 채로 가장 주인처럼 일했던 셈입니다. 잃을 것이 없다고 생각하는 순간, 사람은 비로소 진정한 주인의식으로 움직입니다.

주인이 아닌 임직원들에게 주인의식을 심어주는 해법은 바로 '최면'입니다. 주인은 아니지만 주인인 것처럼 또는 최소한 주인과 다름없다는 생각을 가질 수 있도록 하는 것입니다. 이럴 때 그 조직 구성원들은 열심히 일합니다. '경영은 최면'인 이유입니다. 스톡옵션, 소사장제, 이익공유제, 종업원지주제, 사내 벤처 제도 등은 다 이를 위한 방안들입니다. 물론 가장 중요한 것은 끊임없는 교육, 경영인의 솔선수범과 언행일치, 그리고 관심과 정성일 것입니다.

경쟁의식

주인의식만큼이나 사람을 움직이는 또 다른 동력은 경쟁의식입니다. 경쟁의식이 발동될 때 우리는 열심히 일합니다. 따라서 경쟁의식을 유발할 수 있는 경쟁 생태계를 만들어야 합니다.

시장을 독점하고 있는 기업, 연공서열에 의해 급여나 승진이 결정

되는 조직, 상여금이나 이익을 균등분배하는 조직 등은 성장 발전에 한계가 있습니다. 성과를 낸 만큼, 조직이 추구하는 목표 달성에 기여한 만큼 차등 대우하는 것이 성장과 발전을 위한 기본입니다. 균등분배는 곧 균등몰락입니다.

여기에서 유의해야 할 사항이 하나 있습니다. 조직 구성원들의 주인의식 고취를 위한 신분 보장 제도와 경쟁원리 적용 간의 조화 문제입니다. IMF 외환위기 이전에는 평생 직장이라는 생각으로 열심히 일했습니다. 그런데 IMF로 하루아침에 해고를 당하다 보니 직장에 대한 충성심은 사라지고 퇴직 후 대책에 더 몰두하는 경향이 생겼습니다.

조직원들이 성취 의욕을 가지고 열심히 노력하게 하기 위해서는 주인의식과 경쟁의식의 조화로운 조합이 필요합니다.

재미있을 때

어떤 때 열심히 몰두할 수 있겠습니까. 재미가 있을 때, 그 일을 하면서 시간 가는 줄 모르게 몰입할 수 있지 않습니까. 1981년 삼성그룹에 들어와 3년 차 되던 해, 중역으로 승진하여 호텔신라에서 근무한 지 얼마 안 된 때였습니다. 마침 사장과 총지배인 두 분 다 안 계셔서 어쩔 수 없이 상무인 제가 회장님을 사장단 회의장으로 안내할 수밖에 없게 됐습니다.

떨렸습니다. 매출 상황, 최근 호텔업계 동향, 경영상의 문제점과 대책 등 예상 질문에 대해 나름대로 잔뜩 준비하여 드디어 회장님을 영접했습니다. 그런데 첫 질문이 '호텔에서 근무해 보니 어떠냐'는 전혀 예상 외의 질문이었습니다. 엉겁결에 "재미있습니다"라고 했더니 "그래, 재미있으면 됐다"라고 하는 게 전부였습니다. 답변을 제대로 한 건지 실수를 한 건지 며칠 동안 고민했습니다.

지금 생각해 보니 엉겁결에 명답을 한 것이었습니다. 사실 저는 그때 호텔 근무가 재미있었습니다. 기획한 것이 바로바로 실현되고 지시한 사항이 즉시 변화로 나타나고 바로 고객 반응으로 연결되고 해서 보람을 느꼈기 때문입니다.

이병철 회장은 1984년 1월 당시 조선일보 선우휘 주필과의 인터뷰에서 이렇게 말했습니다.

"새로운 사업을 시작할 때는 정말 재미가 나고 적극적으로 열의를 쏟습니다. 뭔가를 새로 창조한다는 것은 그렇게 재미있을 수가 없어요. 아침, 저녁에도 그 생각, 자고 일어나서도 그 생각, 무언가 부족한 게 없나, 있으면 보강하고 물어보고, 회의를 해서 안 되는 게 있는지 알아보고… 난 똑같은 일을 하라면 대단히 싫어요."

관행 등 반복 계속적인 것에 대한 거부감, 새로운 것에 대한 도전과 성취감을 즐긴 것 같습니다.

꿈을 꿔야 합니다

경쟁력은 우연히 만들어지지 않습니다. 그것은 치밀한 전략이나 제도의 산물이기 이전에, 하나의 분명한 꿈에서 출발합니다. 경영의 출발점이자 경쟁력의 원천은 바로 꿈입니다.

인간은 꿈을 통해 기적을 만들고, 경영은 그 꿈을 현실로 구체화하는 과정입니다. 경영자는 꿈을 명확히 하고 이를 조직 전체가 공유할 수 있도록 비전으로 정식화합니다. 비전을 실현하기 위한 사명이 곧 미션이 되며, 이를 실행하기 위해 중·장기 계획과 세부적인 액션 플랜이 수립됩니다. 이 과정에서 시장 조사, 경쟁 환경 분석, 내부 역량에 대한 강·약점 분석이 이루어지고, 이를 토대로 전략이 만들어집니다.

결국 꿈은 경영의 출발점일 뿐만 아니라, 모든 전략과 실행을 관통하는 기준점이 됩니다. 꿈이 있을 때 사람은 행복해지고, 의욕과 보람을 느끼며, 성취에 대한 동기를 얻습니다. 이 동기가 있을 때 비로소 하루 24시간을 몰두할 수 있는 에너지가 생깁니다. 바로 이 점에서 꿈은 경쟁력의 근원입니다.

1964년 한·일 국교 정상화를 위한 한일회담이 청구권 자금 문제로 교착 상태에 빠져 있을 때 이병철 회장 주선으로 당시 주일대사, 일본 외무성 심의관, 한국은행 도쿄지점장 등 네 사람이 골프를 끝내고 저녁이 예약된 '후쿠겐'이라는 도쿄의 복요리 전문점으로 가는데 교통 체증으로 1시간 늦게 도착했습니다.

그런데 식당 주인가와시마 겐조, 1967년 사망이 "왜 이제 오느냐? 1시간이나 늦게 오면 어떻게 하느냐? 시간 맞추어 요리해 놨는데 복요리 맛을 망쳐 놨다"라면서 버럭 화를 내는 게 아니겠습니까. 난생처음 식당 주인으로부터 야단을 맞고 어안이 벙벙해서 예약된 방으로 들어서는데 식당 주인이 따라 들어오며 이렇게 말했습니다.

"저는 규슈 출신입니다. 제가 이 식당을 하는 것은 돈을 벌기 위해서가 아니라 최고의 맛을 서비스하기 위해서입니다. 저는 일본 제일의 복요리사가 되는 게 꿈입니다. 복 사시미는 요리 후 1시간 지나면 그 원래 맛을 잃어버립니다. 아까 화를 내서 죄송합니다."

이 꿈이 그 식당 주인을 일본 제1, 세계 제1의 복요리사로 만들었고 일본 정부로부터 훈장까지 받게 만들었습니다. 이병철 회장은 감동했습니다. 조리사, 식당 주인으로서의 자기 직업에 대한 프라이드와 장인정신 그리고 프로정신에 감명을 받은 것입니다. 그래서 그로부터 30년 후 이병철 회장은 신라호텔 사장에게 호텔 일식 주방장을 그 복요리점에 연수 보내라고 지시합니다.

꿈을 꾸기 위해서는 상상력이 필요하며, 상상은 곧 미래에 대한 예측으로 이어집니다. 오늘날 우리는 화성에 사람을 보내겠다는 꿈을 현실의 목표로 논의하는 시대에 살고 있습니다. 이처럼 큰 변화는 언제나 누군가의 상상과 꿈에서 시작되었습니다. 미래를 예측하고, 아직 오지 않은 세계를 그려보는 능력이 곧 개인과 기업, 국가의 경쟁력을 좌우합니다.

물론 꿈을 현실로 만드는 과정이 순탄하지만은 않습니다. 에디슨의 별명은 '발명왕'이었지만, 또 다른 별명은 '실패왕'이었습니다. 스티브 잡스는 회사에서 쫓겨났고, 커널 샌더스는 사업에 수없이 실패했습니다. 실패가 성공을 불러온 경우는 많습니다. 중요한 것은 실패를 두려워하지 않고 끊임없이 도전하는 정신입니다. 상식과 통념을 파괴하는 것, 새로운 것에 대한 배고픔은 도전입니다.

리스크 테이킹 없이는 안 되는 것입니다. 이것이 바로 기업가 정신입니다. 한 나라의 경제는 기업가 정신의 강약에 의하여 결정됩니다. 기업가를 격려하고 존중해야 할 뿐, 결코 옥죄어서는 안 됩니다.

자기 자신을 알아야 합니다

경쟁력을 논함에 있어 두 번째로 중요한 전제는 자기 자신을 아는 것입니다. 소크라테스는 '너 자신을 알라'고 설파했습니다. 이는 시대와 문화를 초월해 오늘날의 경영에도 그대로 적용됩니다. 냉철한 자기 인식, 즉 자신의 위치와 실력, 경쟁 환경에 대한 객관적 이해는 경영의 기본이며, 모든 개혁과 혁신의 출발점입니다.

그러나 현실에서는 이 기본이 가장 자주 무시됩니다. 우리는 일상 업무에 쫓기고 치열한 경쟁에 몰입하다 보면, 자신이 무엇을 하고 있는지, 그것이 어떤 의미를 가지는지, 지금 어디에 있으며 어디로 가고 있는지를 성찰할 시간을 갖지 못합니다. 경쟁자는 무엇을 어떻게 하고 있는지, 나와의 격차는 어느 정도인지에 대한 점검 없이 앞만 보고 달리다 보면, 어느 순간 스스로를 객관화하지 못한 채 '돈키호

테'가 되기 쉽습니다.

자기 자신을 안다는 것은 단순한 자기 평가가 아닙니다. 자신의 강점과 약점이 무엇인지, 세계 일류 기업이나 제품과의 격차가 어느 정도인지, 이를 따라잡기 위해 몇 년의 시간과 어떤 노력이 필요한지까지 냉정하게 분석하는 일입니다.

자기 자신, 자기 모습, 자기 위치를 확인하려면 어떻게 하면 될까요. 시장경제에서의 경쟁은 '전쟁'입니다. 전쟁 상황을 파악하려면 전쟁터에 가야 합니다. 전쟁터는 시장입니다. 내 회사 제품, 서비스가 잘 팔리는지, 디자인과 품질은 경쟁 상대방과 비교하여 어떤지, 가격 경쟁력은 있는지, AS는 신속하고 친절히 잘 되고 있는지, 그래서 전투에서 경쟁 상대방에게 이기고 있는지를 체크, 확인해야 합니다. 그 장소가 바로 시장입니다.

자기 자신을 아는 방법의 또 다른 하나는 벤치마킹입니다. 경쟁 상대방을 철저히 분석, 평가함으로써 자기 자신의 강약점을 명료히 하여 앞으로의 전략 방향을 정하자는 것입니다.

이병철 회장댁으로부터 중국 만두를 보내라는 전갈이 있었습니다. 중국식당에서 정성껏 만들어 회장댁으로 보냈는데 맛이 없어서 만두 하나를 맛보고는 더 손을 대지 않았으며 '다른 호텔 만두는 어떤지, 만두 가격과 원가는 어떤지 등을 보고하라'는 지시가 내려왔습니다. 부랴부랴 다른 호텔에 가서 만두를 시켜 먹고 샘플을 가져와 분해하면서 재료를 분석했습니다. 그리고 우리 호텔 만두와 다른 호텔 것의 원가, 맛, 재료 구성비율, 가격 등을 비교했습니다.

사실 콩나물, 녹두나물 같은 경우는 분량에 따라 쉽게 가격이 나오지만 만두 하나에 들어간 재료나 원가 등은 계산하기가 무척 어렵습니다. 하여튼 밤을 새워 만두의 원가, 품질, 맛에 대한 비교표를 만들어 이튿날 회장께 보고했습니다. 아무래도 경영의 기본과 사소한 것만두 하나이라도 반드시 나의 경쟁자는 어떻게 하고 있는지 알게 하려고 일부러 그런 것 같다는 생각이 나중에야 들었습니다.

이병철 회장의 이런 벤치마킹 방식은 비단 제품에만 국한되지 않았습니다. 호텔신라에 근무하던 시절, 손영희 사장과 함께 일본 출장을 간 적이 있었습니다. 도쿄 가스미가세키 빌딩 33층 삼성재팬 회장실에서 이병철 회장께 인사를 드리던 중, 회장은 신문을 보면서 무심히 한마디를 던졌습니다.

"너는 뭐 하러 왔냐?" 당황해서 주춤거리는 사이 한마디가 더 날아왔습니다. "인사만 하지 말고 얘기 좀 해 봐라." 마흔을 갓 넘긴 젊은 중역에게 패기 넘치는 말을 듣고 싶었던 것 같았습니다. 일본 호텔의 최신 경향을 파악하고 신라호텔과 비교 분석하여 배울 것을 찾으리 왔다고 말씀드리자, 잠시 경청하던 회장이 무겁게 입을 열었습니다. "그래, 잘 좀 보고 많이 배우고 가라."

"잘, 많이" 짧은 두 마디였습니다. 그러나 만두 사건을 겪고 난 후라 이 말은 천근만근 무겁게 가슴에 내려앉았습니다. 돌다리도 두드리며 건너되, 일단 결정하면 무섭게 돌진하던 회장의 풍모가 그 짧은 말 속에 고스란히 담겨 있었습니다. 저와 손영희 사장은 그 두 마디를 마음에 새기고 일본 호텔을 샅샅이 돌아다니며 관찰했습니다. 오쿠라 호텔을 중심으로 도쿄 일류 호텔인 제국 호텔, 뉴오타니 호텔을 돌아다니며 식사, 룸서비스, 모닝콜을 비교했습니다. 로비에 몇 시간이고 앉아서 직원들의 서비스 태도도 점검했습니다.

벤치마킹은 지극히 작은 것에서부터 치밀하게 이루어졌습니다. 룸서비스 때 음식은 식지 않는지, 몇 분 만에 나오는지, 모닝콜은 정확한 시각에 이루어지는지, 프런트에서 손님을 맞고 체크인하는 시간은 얼마인지, 일부러 떨어뜨린 담배꽁초를 몇 분 만에 직원들이 치우는지, 전화 교환원들은 친절한지, 밤늦게 걸려 온 전화는 손님들의 양해를 구하고 바꿔 주는지까지 모두 체크하고 기록했습니다.

한국에 돌아온 후 신라호텔의 서비스를 이 기준에 맞춰 업그레이드시켰습니다. '잘 보고 많이 배우라'는 그 말이 무겁게 가슴에 남아 저돌적으로 실천한 결과였습니다.

이 일화는 자기 자신을 안다는 것이 감이나 자존심의 문제가 아니라, 철저한 비교와 분석의 문제임을 잘 보여줍니다. 경쟁력을 갖추기 위해서는 나를 기준으로 세상을 보는 것이 아니라, 세상을 기준으로 나를 바라보아야 합니다. 경쟁력은 꿈에서 시작되지만, 자기 인식에서 구체화됩니다. 자신이 누구인지, 어디에 있는지, 무엇이 부족한지를 정확히 아는 순간부터 전략은 현실성을 갖습니다. 자기 자신을 모른 채 세운 계획과 투자, 개혁은 방향을 잃기 쉽습니다.

구체적 전략을 수립해야 합니다

선점 전략, 꿈을 꿔야 선점할 수 있습니다

경쟁력을 높이기 위한 전략의 첫 번째는 선점 전략입니다. 미래를 예측하고, 남보다 먼저 움직이는 것입니다. 이건희 회장은 종종 몽상가처럼 보였지만, 그의 몽상은 언제나 현실이 되었습니다. 반도체, 외환위기 대응, 리튬전지, 소프트 인력에 대한 선제적 투자 모두 미래를 읽는 능력에서 비롯되었습니다.

선점의 효과는 막강합니다. 미원과 미풍의 사례를 보겠습니다. 미원이 조미료 시장을 먼저 선점했기 때문에 후발주자인 미풍은 아무리 노력해도 미원을 따라잡지 못했습니다. 이처럼 선점은 그 자체로 경쟁력이 됩니다. 그러나 선점하려면 미래를 꿈꿀 수 있어야 합니다. 미래에 대한 시뮬레이션, 상상력이 있어야 합니다.

선택과 집중, 강자와의 전면전은 백전백패

경영 자원은 언제나 제한되어 있으며, 모든 의사결정에는 적절한 타이밍이 요구됩니다. 따라서 경쟁력을 확보하기 위해서는 선택과 집중이라는 전략적 결단이 필수적입니다. 특히 후발주자이거나 경쟁력이 상대적으로 약한 기업일수록, 모든 분야에서 강자와 정면 승부를 벌이는 방식은 필패로 귀결될 수밖에 없습니다. '강자와의 전면전은 백전백패'라는 말은 경영 현실을 정확히 꿰뚫는 표현입니다.

글로벌 경쟁은 기업 간의 전쟁이라 할 수 있으며, 그 양상은 일반적인 전쟁 이론과 크게 다르지 않습니다. 승리하기 위해서는 상대의 약한 고리, 방심하고 있는 지점을 찾아 공격 거점으로 삼아야 합니다. 그리고 자신만의 무기, 혹은 상대보다 우위에 있는 역량을 총동원해 집중 공격 혹은 방어를 해야 합니다. 선택 없는 분산은 패배를 의미하며, 집중 없는 전략은 실행력을 상실합니다.

▎삼성전자의 메모리 반도체

삼성이 메모리 반도체 사업에 진출하던 당시, 세계 시장은 미국의 마이크론과 일본의 도시바·히타치, 샤프 등이 이미 치열하게 경쟁하고 있는 상태였습니다. 공급이 수요를 초과하는 전형적인 바이어 주도 시장이었고, 한 개 라인 건설에 1조 원 이상이 소요되는 자본집약적 산업이었으며, 기술 변화 속도도 매우 빨랐습니다.

기술력과 전문 인력 기반이 전무하던 한국의 삼성이 이 시장에 진입하는 것은 업계와 전문가들 모두가 '불가능하다'고 판단한 선택이었습니다. 그러나 이병철 회장은 1983년 2월 7일, 일본 도쿄 오쿠라 호텔 505호실에서 반도체와 컴퓨터 사업 진출을 전격 선언했습니다. 이는 기존 상식과 예상을 완전히 뒤엎는 결정이었습니다.

이후 업계의 예상대로 삼성그룹은 두 차례에 걸쳐 부도 위기에 직면했고, 64K DRAM 개발 이후에는 기존 강자들이 노골적인 덤핑 공세로 삼성 죽이기에 나섰습니다. 가격은 10분의 1 수준까지 폭락했고, 삼성은 원가 이하 판매로 수천억 원의 손실을 감수해야 했습니다.

전주제지도 이 소용돌이에 휘말렸습니다. 당시 자금담당부장이었던 저는 회사부도를 막기 위해 아침 새벽부터 밤 12시까지 주거래은행이던 한일은행 남대문 지점장실과 명동한일은행 본점 심사담당 상무방을 수십 번 들락날락하면서 통사정하며 부도처리만은 하지말아다라고 읍소하는 일이 비일비재했습니다.

어떤 때는 할 수 없어서 명동사채업자 사무실을 찾아가 고리사채를 급전으로 빌려오기도 하며 하루하루 연명하였습니다만, 결국 은행 측으로부터 부도처리를 안 할 수 없다는 최후통첩을 받았습니다. 이제 명동어음교환소에서 은행 측이 부도대전을 접수시켜 서로 교환에 돌리면 우리 회사는 부도 처리되버리는 것입니다. 정말 막바지에 이르게 되었습니다. 이제 무슨 방법이 있겠는가? 가만히 부도 처리되는 것을 손놓고 보고만 있을 것인가?

우리는 일단 명동 어음교환소에라도 가보기로 했습니다. 한참을 기다리니 우리 회사를 담당하는 한일은행 남대문지점 당좌거래책임자가 저쪽에서 부도대전 등 서류를 들고 걸어오는 것을 봤고, 누가 어떻게 하자고 서로 의논한 바 없지만 무의식 중에 우리는 그 책임자의 부도대전을 뺏어 도망가버렸습니다. 방법은 부당하더라도 이렇게 그날 부도되는 최악의 상황만은 면했습니다.

이런 부도 위기를 극복할 수 있었던 힘은 '그룹'이라는 구조였습니다. 삼성전자 단일 회사 차원이 아니라, 그룹 전체가 반도체 사업에 총력 지원 태세로 돌입했습니다. 금융·통신·제조 계열사들의 자금이 동원되었고, 가능한 모든 금융 여력을 반도체에 집중 투입했습니다. 만약 그룹이 아니었다면 반도체 사업은 시작조차 불가능했을 것입니다.

이는 단일회사가 아니고 그룹 차원에서 메모리 반도체라는 전략품목을 선정하여 여기에 그룹의 총자원을 집중한 사례로서 기존 글로벌 기득권 기업과 동일한 무기, 동일한 방식으로는 결코 이길 수 없다는 명확한 메시지를 줍니다.

'글로벌 스탠더드'는 강자의 논리이며, 후발주자가 그것만으로는 따라잡을 수 없습니다. 글로벌 스탠더드는 필요조건일 수는 있지만, 결코 충분조건은 아닙니다. 반드시 '+알파'가 있어야 합니다. 그 의미에서 '한국적인 것이 세계적인 것'이라는 말은 전략적 의미를 갖습니다.

▎1사 1품 운동

삼성 신경영의 핵심 실천 과제 중 하나는 1사 1품 운동이었습니다. 각 회사가 세계 시장에서 일류가 될 수 있는 제품이나 서비스를 최소 하나 이상 만들어내자는 전략이었습니다. 이는 선택과 집중의 전형적인 사례입니다.

세계 일류를 만들기 위해서는 최소 5~6년 이상의 연구 개발, 투자, 인재 양성이 필요합니다. 오늘날 삼성을 지탱하는 핵심 제품들은 대부분 이 시기에 씨앗이 뿌려진 것입니다. 호텔에서는 업장마다 한 가지 메뉴를 최소한 국내에서만이라도 1등으로 확실하게 만들자고 하였습니다.

예를 들면 일본음식점의 사시미는 어디가 제일인가, 우리 호텔이 제일인가, 아니라면 어디인가, 그러면 그 호텔 사시미가 일류인 원인은 어디에 있으며 우리와의 차이점은 무엇인가, 요리사의 조리 기술인가, 아니면 사시미 재료인 생선의 질인가 등 철저한 원인 분석 후 1등 만들기에 대한 구체적 대책을 마련해서 실천하는 것입니다.

▍분당백화점 사례

삼성그룹 처음으로 백화점업에 진출하는 테스트 케이스가 바로 분당백화점이었습니다. 어떻게 '삼성답게' 만들까, 신세계백화점 등 기존 점포와 견주어 어깨를 나란히 할 만한 작품을 만들어낼까 하고 고심에 고심을 거듭했습니다.

결론은 백화점 등 유통업의 특성은 집객업이라는 기본으로 돌아가 생각을 정리하자는 것이었습니다. '주 고객층이 가장 많이 이용하는 곳은 어떤 코너일까.' 거기를 선택하여 다른 백화점과는 확실히 차별화할 수 있도록 집중 연구, 조사하여 투자하고자 했습니다.

상권 조사 결과 중류 이상의 30, 40대 주부들과 50대 후반에서 60대 후반까지 은퇴 세대가 주 고객층이기 때문에 이런 고객층이 가장 많이 이용하는 코너와 가장 아쉬워하는 부분, 두 군데를 선택하자는 결론을 얻고 신선식품 코너와 문화센터에 집중하여 투자하기로 하였습니다.

신선식품 코너의 경우는 원칙적으로 직접 산지와 계약하여 중간 도매 경로를 없애고 생산지에서 직접 배송하여 최대한 신선도를 유지함으로써 가격과 신선도 면에서 차별화하였습니다. 문화센터는 반드시 일류 강사를 쓰고 가능한 무미건조한 강의식이 아닌 참여형

수업을 원칙으로 하고 아이 돌봄 서비스를 병행하여 아이 걱정이 없도록 했으며 병원과 연결하여 실버 세대의 예방 건강 과목을 대폭 증가시켰더니 소기의 성과가 영업성적으로 나타났습니다.

▍아파트 건설 사례

1993년, 삼성건설 사장으로 부임할 때만 해도 삼성건설은 아파트 건설 면에서 후발주자였고 실적도 많지 않았으며 또 실력도 별로였습니다. 그래서 이건희 회장은 "이 정도로 아파트를 지으려면 아파트에서 삼성 글자를 떼어 버려라"라고 하였습니다. 사실 삼성아파트가 삼성그룹 전체의 브랜드와 이미지를 제고시키기보다는 오히려 떨어뜨리는 요인으로 작용하고 있었던 것입니다.

그래서 결심했습니다. 아파트 단지 한 곳을 샘플로 선택하여 모든 역량을 집중하자, 당장의 수익성은 무시하고 다른 아파트와는 전혀 다른 아파트를 만들자고 말입니다. 그렇게 선정한 곳이 마포아파트 재건축 현장이었습니다. 목적은 삼성아파트 브랜드와 이미지 혁신에 있었습니다. 다른 임직원들은 반대가 많았습니다. 적자가 크게 나는데 구태여 그렇게 할 필요가 있느냐는 것이었습니다.

'장기적 안목으로 보면 지금 당장은 적자가 나서 손해를 보는 것 같지만 앞으로 5년 후, 10년 후에는 반드시 분양가 상한제는 없어지고 분양가 자유화가 된다. 그때면 지금과 달리 같은 지역, 단지의 같은 평수라도 누가 지었느냐 아파트 브랜드가 무엇이냐에 따라 가격이 달라진다. 그것은 지금부터 쌓아올리는 브랜드 가치에 의하여 결정된다. 이 마포아파트를 계기로 삼성아파트 브랜드가 고양된다면 여기에서 발생하는 적자는 투자'라고 설득해서 추진하였습니다.

사실 이때를 분기점으로 삼성아파트에 대한 평가가 올라갔고 그후 분당아파트 분양 때부터 일류 브랜드로 정착되기 시작했습니다.

융합화와 복합화 전략

고객은 새롭고, 편리하고, 빠르고, 합리적인 가격에 디자인이 산뜻한 것을 선호합니다. '복합화·융합화'가 하나의 답이 될 수 있습니다. 한 가지 기술, 한 가지 서비스만으로는 경쟁에서 살아남을 수 없습니다. 단순한 기계 기술 위주의 자동차는 이제 고물이 됐습니다. 전자 기술, 환경 에너지 기술, 인체공학적 기술이 융합되고 인공지능과 로봇공학 기술까지 접목되고 있습니다.

그러나 이런 기술적 융복합에 보험, 금융, 정기 점검과 수리, 애프터서비스 등 서비스 체계까지 융합되지 않으면 경쟁력이 없어집니다. 주택도 마찬가지입니다. 설계, 자재, 시공만으로는 경쟁력이 없습니다. 조경, 경비, 에너지 절약, 헬스클럽, 주택 관리 종합 서비스 체계까지 갖춰야 합니다.

최근에는 교육·의료·금융·쇼핑 시설까지 한 장소로 집결시키는 추세입니다. 이러한 복합화, 융합화 추세에 맞춰 우리가 일하는 방법과 조직도 변화해야 합니다. 태스크별로 그 과제와 관련된 모든 기능을 한곳에 집중하여 편제하는 방식이 필요합니다.

개방해야 합니다. 인재 쟁탈전!

폐쇄주의, 끼리끼리 문화, 순혈주의는 쇠락의 길입니다. 삼성 등 우리나라 기업이 진정한 글로벌 경쟁력을 가지려면 개방해야 합니다. 세계 각국에서 유능한 인재들이 차별 없이 들어와 자신들의 능력을 최대한 발휘할 수 있도록 하는 '용광로 문화'가 형성되어야 합니다.

지금의 경제 전쟁은 인재·두뇌 쟁탈전입니다. 중국의 시진핑 주석은 경제 발전 핵심 전략을 인재 영입으로 정하고 노벨상 수상자, 우수한 과학자와 기술자 등에게 10년 체류 비자를 가족 포함하여 단하루 만에 발급하고 있습니다. 일본도 우수 인재에 대하여는 1년 체류만으로 영주권을 취득할 수 있도록 하고 있습니다. 2008년 중국의 '천인계획'을 통해 중국에 돌아온 과학자 등만 수천에서 수만 명 수준에 달합니다.

이제는 중국 기업들까지 해외로 눈을 돌려 진공청소기처럼 기술인력을 빨아들입니다. 한국도 표적입니다. '연봉 3배, 자녀 국제학교 지원' 같은 조건을 내걸고 대놓고 기술 인력 빼가기에 나섰습니다. 반도체, 2차전지 등 한국이 중국보다 앞선 분야는 이제 몇 가지 남지 않았습니다.

우리는 국적법, 공무원법, 입국 심사 관련 법규 등의 획기적 수정이 필요합니다. 우수한 세계적 영재, 기술자, 과학자라면 국적을 논할 필요가 없습니다. 최소한 우리나라 일류 인재의 유출만이라도 막아야 합니다.

상식과 통념을 파괴해야 합니다

경쟁력의 본질은 차별화이며, 차별화는 바로 '섬싱 스페셜Something Special, 섬싱 디퍼런트Something Different'입니다. 따라서 스탠더드, 매뉴얼을 따르는 것은 원 오브 뎀One of Them에 불과할 뿐 경쟁력을 가질 수 없는 것입니다. 과거의 관행, 상식, 통념을 파괴하지 않고는 경쟁력이 생길 수 없습니다. 이런 의미에서 자본주의 발전 과정은 슘페터가 얘기한 것처럼 창조적 파괴의 과정입니다.

삼성물산이 할인점 형태의 유통업에 진출하기로 하고 브랜드는 '홈플러스'라고 하여 1호점을 대구의 제일모직 부지 일부에 건설하기로 하였습니다. 문제는 어떤 형태의 점포를 만들 것인가, 즉 그 점포의 콘셉트를 어떻게 설정할 것이냐 하는 것이었습니다.

통상 유통업계에서는 업태를 전통적인 백화점, 식품 위주의 슈퍼마켓, 최저가 위주의 가격 경쟁력을 바탕으로 하되 그 대신 시설, 인테리어, 고객 편의, 종업원 서비스는 백화점보다 훨씬 수준을 낮추는 미국 월마트식의 할인점, 그리고 패밀리마트 같은 편의점, 복합쇼핑센터 등으로 구분합니다. 회사 내부에서는 새롭게 부상하여 영업 신장세도 두드러진 할인점 형태로 하는 것으로 종전부터 검토해 왔습니다.

그런데 문제는 신세계 이마트가 이미 진출하여 상권을 확보하고 있다는 점이었습니다. 신세계는 유통업에 대한 경험, 전문 인력, 구매 파워, 협력업체와의 네트워크 등 모든 면에서 이 업에 처음 진출하는 우리하고는 상대가 안 되는 강자인 데다가 먼저 진출했다는 기득권마저 가지고 있는데, 과연 똑같은 업태로 해서 경쟁에 이길 수 있을까 하는 걱정이 들었습니다.

그뿐만 아니라 우리나라 소비자들의 쇼핑 문화에 비춰 볼 때 과연 이런 미국식 할인점 업태가 지속적으로 장기간 성장세를 계속 유지할 수 있을까 하는 의구심도 들어 또 한 번 지금까지 검토해 온 선입관을 버리고 또 지금까지 상식으로 되어 있는 업태 구분에 연연해하지 말고 모든 것을 원점에서 재검토하자는 결론을 내렸습니다.

격론이 벌어졌습니다. 외부에서 특채하여 들어온 유통 전문 인력들은 오랜 기간 세계의 유통업계와 전문가들이 유통 업태를 구분하여 의사결정을 해왔고 지금 매출 경향 등을 종합 판단해 보면 전통적인 할인점 형태로 가야 한다고 했습니다. 또 한편에서는 천장 파이프와 천장 시멘트가 그대로 노출되고 종업원 서비스도 제로에 가까운 전통적인 할인점에 대한 거부감도 장기적 관점에서 보면 무시할 수 없다는 것이었습니다.

저는 이런 생각을 했습니다. '유통업의 업태라는 것은 정형적인 것이어서는 안 되고, 문제의 핵심은 고객의 취향과 그 나라 소비자의 쇼핑 형태 등 쇼핑 문화에 좀 더 다가서야 하는 것이 성공의 키가 아닐까. 미국, 유럽과 일본, 우리나라의 쇼핑 문화가 똑같지 않다면 유통업의 업태와 콘셉트도 당연히 달라져야 한다'고 말입니다.

그러면 우리나라 쇼핑 문화의 특이점이랄까 특징은 무엇일까 고민해 봤습니다. 단순히 물건을 사는 것만이 아닌, 거기서 즐기고 시간 보내고 가족, 친구 등을 만나 음식을 같이 먹으면서 생활하는 장소, 또 상품 정보 습득 등 복합적 욕구를 해소해 주는 생활 정보의 거점이자 만남의 장소가 아닌가 하는 것입니다. 쇼핑만 하는 것이 아니라 문화 공간, 여가 공간, 스트레스 해소 공간으로 생각하여 이용하고 있는 게 아닌가 하는 것입니다.

결론적으로 당시로서는 전혀 새로운 업태가 탄생하게 된 배경입니다. 가격은 전통적인 할인점과 같이 저가 정책을 견지하지만, 인테리어 등 시설과 고객 접대, 주차 관리 등 서비스 부문과 문화센터는 백화점 수준까지는 아니어도 할인점과는 확연히 차원이 다른 수준까지 끌어 올려 차별화하는 것입니다.

　이런 고민과 격론의 과정을 거쳐 1997년 9월 4일 드디어 오픈했습니다. 그날 담당 중역으로부터 영국 출장 중이던 저에게 전화가 왔습니다. '오픈 2시간 만에 고객이 너무 많이 와서 안전사고가 날까 염려되어 영업을 중단하고 문을 닫아야 하겠습니다'라고 말입니다.

　상식과 통념, 관행을 파괴하려면 문제의식이 있어야 합니다. '지금 우리가 하고 있는 이런 방법, 기술에 반드시 문제가 있다. 더 좋은 방법이 있을 수 있고, 있게 마련이다'는 문제의식과 확신이 생활화되어 있어야 합니다. 그러려면 새로운 것에 대한 갈망, 배고픔이 있어야 합니다.

업의 본질을 파악하여야 합니다

아무리 좋은 전략도 무엇을 대상으로 적용하느냐를 모르면 방향을 잃기 쉽습니다. 선점을 하려 해도, 선택과 집중을 하려 해도, 그 기준이 되는 것은 결국 내가 하는 일의 본질입니다. 전략은 업의 본질 위에서만 비로소 힘을 발휘합니다. 선택과 집중의 대상은 임의로 정할 수 없습니다. 반드시 업의 개념과 특성을 기준으로 삼아야 합니다.

그러나 업의 개념은 고정된 것이 아니라, 바라보는 위치에 따라 달라집니다. 예컨대 호텔업은 일반적으로 서비스업으로 분류되지만, 중간관리자에게는 '손님을 알아주는 서비스업'으로 재정의되어야 합니다. 이를 통해 사전 서비스, 맞춤형 서비스 같은 차별화 전략이 가능해집니다.

반면 CEO나 투자 의사결정자의 입장에서는 호텔업을 장치 산업이자 부동산 개발업으로 바라보아야 합니다. 호텔은 단기간 수익보다는 장기적인 브랜드 가치와 부동산 가치 상승을 고려해야 하는 산업이기 때문입니다. 호텔업은 통상 오픈해서 5년 내지 7년 정도는 적자입니다. 그럼에도 불구하고 호텔업을 하는 것은 브랜드 지명도 제고와 이미지 고양 이외에 부동산 가치가 높아져 영업 자체만으로는 적자일지라도 부동산 가치 상승이 이를 커버해 줄 수 있기 때문입니다.

이건희 회장이 부회장으로 있을 때 전화가 걸려왔습니다. 서울 강남과 강북을 잇는 지점에 위치해 있는 어느 호텔 인수를 검토하고 보고하라는 것이었습니다. 검토해 본 결과 부지를 둘러싸고 몇 년간에 걸친 법적 분쟁이 있고, 이미지와 지향하는 영업 정책이 신라호텔과 상반되어 플러스 시너지 효과보다는 오히려 마이너스 시너지 효과가 더 클 것이므로 인수하지 않는 게 좋다는 결론을 내고 당시 비서실장을 통하여 보고하였습니다.

이건희 부회장이 회장으로 취임하고 얼마 안 있어 비서실 팀장 회의를 하는데 그 자리에서 바로 이 문제가 거론됐고 '현명관 전무가 호텔업의 개념을 잘 모르는 것 같다'라고 하였다는 것이고, 그 뒤로도 사장단 회의 등 기회가 있을 때마다 제주 땅 대신 앞서 그 서울의 호텔을 샀더라면 부가가치가 얼마나 더 상승했겠느냐고 힐책하곤 했습니다.

당시 실무적 판단은 영업 시너지 부족이었지만, 회장은 호텔업을 단기 수익이 아닌 입지와 부동산 가치의 관점에서 보았습니다. 업의 본질을 어떻게 정의하느냐에 따라 전략적 판단은 완전히 달라집니다.

정부의 역할, 감시자이지 판정자가 아닙니다

시장에서의 경쟁력 판단 주체는 고객입니다. 시장에서 어느 나라 어느 기업의 제품과 서비스가 경쟁력이 있어 우수한지는 고객이 결정합니다. 시장의 지배자는 고객입니다.

고객이라는 심판관이 어느 제품, 서비스가 우수한지를 심사해서 그 결과를 발표하는 자리가 바로 시장입니다. 우리 회사 제품이 왕성하게 성장하고 있는지, 죽어가고 있는지, 이미 죽은 상태인지를 알 수 있고 확인할 수 있는 곳이 시장이고 이런 결정권자는 고객이라는 것입니다.

두말할 것도 없이 정부는 아닙니다. 정부는 단지 시장 작동의 룰을 정하고 그 룰대로 공정하게 작동되고 있는지 감시자 역할에 불과합니다. 정부가 경쟁력의 유무까지 판단, 결정코자 한다면 그것은 잘못입니다. 그러면 시장원리가 왜곡되고 많은 부작용을 초래합니다.

부동산 대책 같은 것이 좋은 예라 할 것입니다. 부동산 가격은 부동산 시장에서 고객이 어느 지역의 어떤 아파트 값을 얼마로 함이 합리적인지 결정하는 것입니다. 정부는 다만 수요와 공급의 환경 조성, 즉 촉진 또는 억제로의 유인 환경을 조성할 수 있을 뿐입니다. 여기서 더 나아가서 부동산 가격 상한제또는 임대료 상한제 등에까지 손을 대는 것은 실패를 부르고 부작용만을 초래할 것입니다.

경쟁력은 저절로 생기지 않습니다. 꿈과 열정, 주인의식과 경쟁 생태계, 명확한 자기 인식, 그리고 전략적 선택과 집중이 결합될 때 비로소 경쟁력은 만들어집니다. 선점하고, 선택하고, 융합하고, 개방하고, 상식을 파괴하는 것. 그리고 무엇보다 업의 본질을 정확히 이해하는 것. 이 모든 것이 경쟁력 제고 전략의 핵심입니다.

이 세상에 공짜는 없습니다. 한강의 기적은 우연이 아니라 필연이었습니다. 우리가 땀 흘린 만큼, 고민한 만큼, 도전한 만큼 경쟁력은 만들어집니다. 지금 우리에게 필요한 것은 더 많은 규제가 아니라 더 큰 꿈입니다. 더 많은 통제가 아니라 더 과감한 도전입니다. 기업가를 옥죄는 것이 아니라 격려하고 존중하는 것입니다. 경쟁력은 기업의 생존 조건이며, 국가 경제의 근간입니다. 경쟁력 없이는 아무것도 없습니다.

제5장

경쟁력의 부활

기업의 생존 사이클

　기업에는 생존 사이클이 있습니다. 창업기에서 성장기로, 성장기에서 성숙기로, 성숙기에서 쇠퇴기로 이어지는 흐름입니다. 이는 마치 인간의 생애주기와 비슷합니다. 그러나 결정적인 차이가 있습니다. 인간은 노화를 피할 수 없지만, 기업은 혁신을 통해 다시 젊어질 수 있습니다. 쇠퇴기에 접어든 기업도 개혁에 성공하면 다시 성장기로 돌아갈 수 있습니다. 이것이 바로 기업의 부활입니다.

　기업 수명의 연장은 결코 우연이 아닙니다. 그 핵심 조건은 명확합니다. 무엇보다 변화의 신호를 조기에 감지하는 능력이 필요합니다. 기술 변화, 소비자 행동 변화, 산업 구조 변화는 갑작스럽게 나타나는 것처럼 보이지만, 실제로는 오랜 시간 누적되어 온 결과입니다.

이를 읽어내지 못하는 기업은 필연적으로 뒤처집니다. 이병철 회장은 일본 도쿄 출장에서 반도체 산업의 미래를 직감했습니다. 1983년 당시만 해도 한국에서 반도체는 먼 나라 이야기였습니다. 그러나 회장은 10년, 20년 후를 내다보았습니다. 그 결과 삼성은 오늘날 세계 1위 반도체 기업이 되었습니다.

다음으로 과거의 성공에 대한 집착을 버리는 용기가 필요합니다. 다우존스에서 퇴출된 기업들의 공통점은 과거의 성공 모델에 지나치게 매달렸다는 점입니다. 코닥은 필름 사업을, 제너럴 모터스GM는 대형차를, 제너럴 일렉트릭GE은 금융업을 버리지 못했습니다. 그 결과는 몰락이었습니다. 혁신은 기존 성공 공식을 부정하는 데서 시작됩니다. 이것이 바로 1993년 이건희 회장이 신경영을 선언한 이유입니다. 당시 삼성은 국내 1위였습니다. 그러나 세계 시장에서는 2류, 3류에 불과했습니다. 국내 1위라는 성공에 안주하면 곧 도태될 것이 분명했습니다.

또한 지속적인 혁신과 자기개혁이 필요합니다. 혁신은 일회성 이벤트가 아닙니다. 기업이 장수하기 위해서는 끊임없이 자신을 바꾸고, 스스로를 해체하고, 다시 재구성할 수 있어야 합니다. 애플을 보십시오. 스티브 잡스는 자신이 만든 매킨토시를 아이맥으로 바꿨고, 아이맥의 성공에 안주하지 않고 아이팟을 만들었습니다. 아이팟이 잘 팔리는데도 아이폰을 만들어 자신의 시장을 잠식했습니다. 이것이 진정한 혁신입니다.

2025년 현재, 한국 기업들은 심각한 도전에 직면해 있습니다. 지금 혁신하지 않으면 한국 기업의 생존 사이클은 더욱 단축될 것입니다. 성장기를 지나 성숙기에 접어든 한국 주력 산업들이 쇠퇴기로 급전환할 위험이 큽니다.

경쟁력은 기업의 생존조건입니다. 경쟁력이 없어지면 기업은 소멸되고, 없어진 경쟁력이 되살아나면 죽어가던 기업도 부활합니다. 단, 부활하려면 조건이 필요합니다. 그냥 가만히 일정 시간이 지나면 부활하는 것이 아닙니다. 개혁과 혁신이 부활의 열쇠입니다.

기업의 생존 사이클을 연구하며 제가 얻은 가장 큰 교훈은 이것입니다. 수명은 정해진 것이 아니라는 점입니다. 창업기에서 성장기로, 성장기에서 성숙기로 가는 것은 자연스러운 흐름입니다. 그러나 성숙기에서 쇠퇴기로 가는 것은 자연스러운 흐름이 아닙니다. 그것은 선택입니다. 혁신을 외면한 결과입니다. 반대로 쇠퇴기에서 다시 성장기로 돌아갈 수도 있습니다.

애플이 그랬습니다. 1990년대 말 애플은 파산 직전까지 갔습니다. 그러나 스티브 잡스가 복귀하며 혁신을 단행했고 아이맥과 아이팟, 아이폰으로 부활했습니다. 지금은 세계에서 가장 가치 있는 기업입니다. 한국 기업들도 마찬가지입니다. 지금 쇠퇴의 징후가 보인다 해도 절망할 필요 없습니다. 개혁과 혁신으로 얼마든지 부활할 수 있습니다. 문제는 의지입니다. 과거의 성공을 버릴 용기가 있는가, 변화를 선택할 결단력이 있는가가 관건입니다.

기업의 부활

1993년 6월 7일, 독일 프랑크푸르트에서 이건희 회장은 '마누라와 자식 빼고 다 바꾸라'는 파격적인 선언을 했습니다. 이것이 바로 삼성 신경영의 시작이었습니다. 당시 삼성은 국내 1위 기업이었습니다. 매출도 증가하고 있었습니다. 그런데 왜 이런 극단적인 개혁을 단행했을까요? 국내에서 1위라는 것은 세계 시장에서는 아무 의미가 없었기 때문입니다. 세계 일류 기업들과 비교하면 삼성은 2류, 3류에 불과했습니다. 이대로 가면 10년 안에 3류로 전락하거나 사라질 수도 있었습니다.

개혁은 자기부정입니다. 특히 지금까지 잘해 왔다고, 성공했다고 스스로 자부해 온 성공 스토리와 그로부터 비롯된 자만심, 현상 유지에 대한 만족감을 철저히 부정하는 것입니다. 개혁과 혁신의 본질은 한마디로 말해 자기부정입니다. 이러한 의미에서 개혁은 슘페터가 말한 창조적 파괴 그 자체입니다.

개혁은 어디서 시작됩니까? 출발점은 위기의식입니다. 그러나 이는 단순한 위기의식이 아닙니다. 한 발짝만 뒤로 물러서면 죽는다는 벼랑 끝의 절박한 위기의식이어야 합니다. 이 정도의 위기의식만이 개혁의 동력이 됩니다. 그렇다면 이러한 위기의식은 어떻게 형성됩니까? 위기의식은 생각과 사유, 즉 고민과 분석, 전망과 상상을 통해 태동됩니다. 자기 자신과 경쟁자를 철저히 알고, 현재의 경쟁 구도와 미래의 시장·기술 변화를 냉정하게 직시할 때 비로소 위기의 실체가 보이기 시작합니다.

개혁은 전 구성원이 참여할수록 바람직하지만, 최소한 조직의 중추인 간부층을 중심으로 전체 구성원의 20% 정도는 적극적인 동참 세력이 되어야 합니다. 이를 위해서는 위기의식의 공유가 필수적입니다. 회사가 사라지면 나의 생존도 위태로워진다는 인식, 즉 위기가 남의 일이 아니라 내 문제라는 자각이 필요합니다.

말로만 '위기다'라고 외쳐서는 조직이 움직이지 않습니다. 상징적이고 충격적인 조치가 필요합니다. 경영자의 철학과 소신, 그리고 '이대로 가면 회사는 사라진다. 그렇다면 차라리 개혁을 하다 망하겠다'는 수준의 강력한 의지 표현이 행동으로 보여져야 합니다.

삼성 신경영 당시 단행한 조치들이 좋은 예입니다. 이건희 회장은 불량 제품을 모두 모아놓고 직접 불을 질렀습니다. 수억 원 상당의 제품이었습니다. 임직원들은 충격에 빠졌습니다. '품질이 생명이다. 불량품은 용납할 수 없다'는 메시지가 강력하게 전달되었습니다.

또한 조직 구조를 과감히 개편했습니다. 불필요한 부서는 통폐합하고, 의사결정 단계를 줄였습니다. 성과주의를 도입해 연공서열이 아닌 능력과 성과로 평가하기 시작했습니다. 기존 관행과 문화를 과감히 깼습니다. 물론 이러한 조치 이전에, 조직원들에게 현 위치와 선진 기업과의 격차, 실패할 경우의 결과를 철저히 교육하고 공감대를 형성하는 과정이 선행되었습니다.

경쟁력은 영원하지 않습니다. 자동차, 조선, 철강, 반도체, 섬유 산업의 역사가 이를 증명합니다. 한 나라와 기업이 지배하던 경쟁력은 결국 다른 나라와 기업으로 이전됩니다. 이를 글로벌 경쟁력 이전의 법칙이라 할 수 있습니다. 이 법칙이 주는 교훈은 두 가지입니다. 하나는 개혁과 혁신을 통해 경쟁력 이전 시점을 최대한 늦추는 것이고, 다른 하나는 새로운 경쟁력을 창출할 신성장 동력을 준비하는 것입니다.

기업의 역사는 냉정합니다. 개혁과 혁신을 멈춘 순간, 기업은 쇠퇴의 길로 들어섭니다. 그러나 반대로, 자기부정과 인내, 위기의식과 결단을 통해 개혁에 성공한 기업은 다시 부활합니다. 기업에게 부활은 기적이 아니라 선택의 결과입니다. 그리고 그 선택의 이름은 언제나 개혁과 혁신입니다.

경영의
알파와
오메가

제6장

삼성 경쟁력의 뿌리

경쟁력, 생존의 조건

1938년, 한국의 제3의 도시 대구에서 '삼성상회'라는 간판을 내건 작은 무역회사가 문을 열었습니다. 일제강점기의 어두운 그늘 아래, 직원 몇 명이 전부였던 이 중소 무역회사를 누가 상상이나 했겠습니까. 86년이 지난 지금, 이 회사가 대한민국 최대 기업군으로 성장하리라는 것을 말입니다.

2023년 기준, 삼성그룹은 시가총액, 종업원 수, 계열사 수 모든 면에서 한국 최대 기업군이 되었습니다. 특히 1993년부터 2023년까지 30년간의 성장은 가히 폭발적이었습니다.

삼성 경쟁력의 다섯 가지 원천

삼성이 1993년부터 2023년까지 30년간 폭발적으로 성장한 이유는 무엇일까요. 여러 요인이 있겠지만, 제가 현장에서 직접 목격하고 체험한 삼성 경쟁력의 원천은 다섯 가지로 정리됩니다.

인재제일, 사람이 전부입니다

삼성 창업주 이병철 회장은 세 가지 경영 방침을 세웠습니다. 인재제일人才第一, 사업보국事業報國, 합리추구合理追求. 세 가지 중 가장 첫 번째가 인재제일입니다.

1950~1960년대 한국 사회는 연줄 사회였습니다. 취직도 학연, 지연, 혈연이 좌우했습니다. 그런 시대에 삼성은 파격을 선택했습니다. 공개 채용 제도를 도입한 것입니다. 전국에서, 나아가 전 세계에서 실력 있는 사람이면 누구나 지원할 수 있습니다. 학벌도, 지역도, 성별도 보지 않습니다. 오직 능력만 봅니다.

1970~1980년대 최고의 인재들이 삼성으로 모여들었습니다. 서울대 수석, 카이스트 수재, 해외 유학파들이 줄을 섰습니다. 왜 그들이 삼성을 택했을까요. 실력만 있으면 누구나 인정받고 승진할 수 있다는 믿음이 있었기 때문입니다.

삼성은 인재 육성에도 막대한 투자를 했습니다. 삼성인재개발원을 설립해 체계적인 교육을 실시했습니다. 해외 연수, 국내외 MBA 과정 지원, 전문가 초청 세미나 등 끊임없이 임직원들의 역량을 키웠습니다. 지역 전문가 제도도 독특했습니다. 젊은 직원을 해외로 보내 1년 동안 그 나라의 문화와 언어를 익히게 했습니다.

당장 매출에 기여하지 않아도 괜찮습니다. 10년, 20년 후를 보고 투자한 것입니다. 이렇게 키운 지역 전문가들이 나중에 삼성의 글로벌 경영을 이끌었습니다.

고객제일주의, 시장에서 심판받습니다

삼성 신경영의 핵심은 고객제일주의였습니다. 그런데 여기서 '고객'의 의미를 제대로 이해해야 합니다. 많은 기업이 고객을 최종 소비자로만 생각합니다. 하지만 삼성이 말하는 고객은 훨씬 넓은 개념입니다. 임직원, 협력업체, 대리점, 최종 소비자, 지역사회, 국가 모두가 고객입니다. 모든 이해관계자를 만족시켜야 한다는 것입니다.

먼저 임직원입니다. 직원을 고객으로 대접하지 않으면서 직원들에게 고객을 잘 대접하라고 요구할 수는 없습니다. 삼성은 임직원 복지에 많은 투자를 했습니다. 급여, 복지, 근무 환경, 자녀 교육 지원 등 직원들이 안정적으로 일할 수 있는 환경을 만들었습니다.

협력업체도 마찬가지입니다. 많은 대기업이 협력업체를 하청업체로 생각하고 쥐어짭니다. 단가를 후려치고, 대금 지급을 미루고, 불합리한 요구를 합니다. 이른바 '갑질'입니다. 하지만 이것은 결국 자신의 품질을 해치는 것입니다. 협력업체가 제대로 된 부품을 만들지 못하면 완제품 품질도 떨어집니다. 삼성은 협력업체를 파트너로 대우했습니다. 기술 지원, 자금 지원, 공동 개발 등을 통해 함께 성장하는 길을 택했습니다.

대리점, 유통망도 고객입니다. 아무리 좋은 제품을 만들어도 유통이 제대로 안 되면 소비자에게 전달되지 않습니다. 삼성은 대리점주들을 정기적으로 초청해 교육했습니다. 신제품 설명회, 판매 기법 교육, 우수 대리점 포상 등 대리점들이 삼성과 함께 성장할 수 있도록 지원했습니다.

최종 소비자는 말할 것도 없습니다. 제품 품질, A/S, 고객 응대, 모든 면에서 최고 수준을 추구했습니다. 고객 불만이 접수되면 24시간 안에 해결하는 것을 원칙으로 삼았습니다.

지역사회와 국가도 넓은 의미의 고객입니다. 기업이 사회에서 얻은 이익은 다시 사회로 환원되어야 합니다. 삼성은 문화, 교육, 의료, 스포츠 등 다양한 분야에서 사회공헌 활동을 펼쳤습니다. 이것이 장기적으로는 삼성 브랜드 가치를 높이고 기업 이미지를 개선하는 데 기여했습니다.

복합경영그룹제도, 후발주자의 생존 전략

삼성은 왜 그룹 형태로 운영될까요. 왜 전자, 보험, 건설, 중공업, 화학, 의료 등 서로 전혀 다른 사업을 한 그룹 안에서 운영할까요. 이것이 바로 복합경영, 그룹제도입니다. 한국의 재벌 그룹들은 대부분 이런 구조입니다. 서구의 시각에서 보면 비효율적으로 보일 수 있습니다. 경영학 교과서는 '선택과 집중'을 가르칩니다. 잘하는 것 하나만 하라고 합니다. 그런데 왜 삼성은 이렇게 많은 사업을 동시에 합니까.

답은 역사에 있습니다. 한국은 후발 산업국가였습니다. 1960~1970년대 한국 기업들이 세계 시장에 진출하려 할 때, 선진국 기업들은 이미 100년 이상의 역사와 기술, 자본, 브랜드를 가지고 있었습니다. 정면 승부는 불가능했습니다. 그래서 한국 기업들이 선택한 전략이 복합경영이었습니다. 여러 사업을 동시에 하면서 리스크를 분산하고, 한 사업에서 번 돈을 다른 사업에 투자하는 방식이었습니다.

예를 들어 삼성은 1969년 삼성전자를 설립했습니다. 당시 전자 산업은 초기 투자가 막대하게 들어가고 수익은 불확실했습니다. 만약 삼성이 전자 산업만 했다면 아마 망했을 것입니다. 하지만 제일제당, 제일모직 등 다른 계열사들이 벌어들인 수익으로 삼성전자의 적자를 메웠습니다. 10년, 20년을 버텼습니다. 그리고 1980년대 중반부터 삼성전자가 흑자로 돌아서면서 그룹의 효자가 되었습니다.

그룹 내 시너지 효과도 있습니다. 삼성전자가 반도체를 만들면 삼성물산이 해외 판로를 개척합니다. 삼성생명이 자금을 지원합니다. 삼성SDS가 IT 시스템을 구축합니다. 제일기획이 광고를 맡습니다. 이렇게 그룹 내 협력을 통해 효율을 높일 수 있습니다.

물론 단점도 있습니다. 경영이 복잡해지고, 지배구조 문제가 생기고, 비효율이 발생할 수 있습니다. 하지만 한국 재벌들이 단기간에 세계적 기업으로 성장할 수 있었던 것은 이 그룹제도 덕분이었다는 것도 부인할 수 없는 사실입니다.

오너경영 체제, 투자는 리스크 테이킹입니다

삼성은 오너경영 체제입니다. 창업주 일가가 경영권을 가지고 있습니다. 이것도 서구 선진국의 시각에서는 문제로 보일 수 있습니다. 전문경영인 체제가 더 합리적이고 투명하지 않느냐는 것입니다. 맞는 말입니다. 오너경영의 문제점도 분명히 있습니다. 승계 과정의 불투명성, 일감 몰아주기, 경영권 세습 등 여러 문제가 있습니다. 하지만 오너경영만의 장점도 있습니다.

첫째, 장기 투자가 가능합니다. 전문경영인은 보통 3~5년 임기입니다. 단기 성과에 급급할 수밖에 없습니다. 분기 실적이 중요합니다. 주가가 중요합니다. 장기적으로 필요하지만 당장 수익이 안 나는 투자는 꺼립니다. 하지만 오너는 다릅니다. 10년, 20년, 50년을 내다보고 투자할 수 있습니다. 당장 손해를 보더라도 미래를 위해 투자합니다.

삼성의 반도체 투자가 대표적입니다. 1980년대 초 이병철 회장이 반도체에 진출하겠다고 선언했을 때 모두가 반대했습니다. 너무 위험하다고, 일본 기업들이 장악한 시장에 뛰어들면 망한다고 했습니다. 하지만 이병철 회장은 밀어붙였습니다. 10년 동안 적자를 감수하며 투자했습니다. 그 결과가 오늘의 삼성 반도체입니다.

둘째, 신속한 의사결정이 가능합니다. 전문경영인 체제에서는 중요한 결정을 내리려면 이사회, 주주총회 등 여러 단계를 거쳐야 합니다. 시간이 오래 걸립니다. 하지만 오너경영에서는 오너가 결정하면 바로 실행됩니다. 빠른 실행력이 경쟁력입니다. 1993년 신경영 선언이 좋은 예입니다. 이건희 회장이 결단을 내리자 바로 실행에 옮겨졌습니다. 만약 이사회와 주주들의 동의를 얻어야 했다면 아마 불가능했을 것입니다.

셋째, 위기 때 리더십을 발휘할 수 있습니다. 기업이 위기에 처했을 때 필요한 것은 강력한 리더십입니다. 누군가 책임지고 결단을 내려야 합니다. 전문경영인은 잘못되면 물러나면 그만입니다. 하지만 오너는 다릅니다. 기업이 망하면 자신도 망합니다. 그래서 더 절박하게 위기를 극복하려고 합니다. 1997년 외환위기 때 많은 재벌이 무너졌습니다. 하지만 삼성은 살아남았습니다. 이건희 회장의 강력한 리더십이 있었기 때문입니다.

물론 오너경영의 문제점을 무시할 수는 없습니다. 투명성을 높이고, 견제와 균형을 만들고, 사회적 책임을 다해야 합니다. 하지만 한국 기업들이 단기간에 세계적 기업으로 성장할 수 있었던 것은 오너경영의 장점을 활용했기 때문이라는 것도 인정해야 합니다.

경영혁신_{신경영}, 과거와 단절해야 합니다

다섯 번째 경쟁력의 원천은 바로 지금까지 살펴본 신경영입니다. 1993년 프랑크푸르트 선언으로 시작된 신경영은 삼성을 완전히 바꿔놓았습니다. 양에서 질로, 생산자 중심에서 고객 중심으로, 국내 1등에서 세계 일류로. 모든 것이 바뀌었습니다.

신경영의 핵심 메시지는 명확했습니다. '마누라와 자식 빼고 다 바꿔라.' 다소 과격한 표현이지만, 메시지는 분명했습니다. 가장 소중한 것만 빼고 나머지는 전부 바꾸라는 것입니다. 그만큼 근본적인 변화가 필요하다는 뜻이었습니다.

신경영의 핵심은 '품질'이었습니다. 양에서 질로. 이것이 신경영의 슬로건이었습니다. 1994년 이건희 회장은 불량 무선전화기 15만 대를 직원들 앞에서 모두 태워버렸습니다. 500억 원 상당이었습니다. 직원들은 눈물을 흘렸습니다. 하지만 메시지는 명확했습니다. 품질에 타협하지 않겠다는 것입니다.

말로만 혁신을 외친 것이 아니었습니다. 행동이 뒤따랐습니다. 기득권 세력의 핵심인 관리본부장급 임원들의 업무가 중지되었습니다. 그 대신 장기 집합교육에 투입되었습니다. 더 충격적인 것은 비서실장 교체였습니다. 그룹 2인자, 개혁 실무의 최고 책임자가 바뀌었습니다. 혁신에 대한 회장의 의지가 얼마나 확고한지를 보여주는 조치였습니다.

'7·4제'도 도입되었습니다. 오전 7시 출근, 오후 4시 퇴근. 단순한 근무시간 변경이 아니었습니다. 저녁 회식 문화, 야근 중심의 비효율적 관행을 타파하기 위한 것이었습니다.

신경영 선언 이후 30년, 삼성은 완전히 달라졌습니다. 1993년 삼성전자의 브랜드 가치는 순위권 밖이었습니다. 2018년 세계 4위가 되었습니다. 1993년 반도체 분야에서 일본 뒤를 쫓아가던 후발주자였습니다. 2023년 세계 1위 반도체 기업이 되었습니다. 1993년 휴대폰 시장에서는 존재감이 없었습니다. 2023년 세계 1위 스마트폰 제조사가 되었습니다. 이 모든 변화가 신경영에서 시작되었습니다.

삼성 경쟁력의 다섯 가지 원천을 정리하면 이렇습니다. 인재제일로 최고의 인재를 모으고 키웠습니다. 고객제일주의로 모든 이해관계자를 만족시켰습니다. 복합경영으로 리스크를 분산하고 시너지를 창출했습니다. 오너경영으로 장기 투자와 신속한 의사결정이 가능했습니다. 신경영으로 과거와 단절하고 새로운 미래를 열었습니다. 이 다섯 가지가 유기적으로 결합되어 오늘의 삼성을 만들었습니다.

물론 삼성도 완벽하지 않습니다. 여전히 많은 과제가 남아 있습니다. 지배구조 개선, 사회적 책임, 상생 협력 등 해결해야 할 문제들이 있습니다.

삼성의 이야기는 우리에게 말해 줍니다. 경쟁력은 만들어지는 것입니다. 의지와 실천이 있다면 가능합니다. 1938년 대구의 작은 무역회사가 2023년 세계적 기업이 된 것처럼 말입니다.

경영의
알파와
오메가

제2부
정책

경제민주화란 무엇인가

용어의 정의와 개념

경제민주화라는 말은 그럴듯하게 들리지만, 그 뜻은 자주 왜곡되어 왔습니다. 많은 이가 이를 부자에게서 빼앗아 가난한 사람에게 나누는 것이라 생각합니다. 심지어 일부에서는 경제민주화를 사회주의로 가는 중간 단계로, 혹은 국가가 기업을 장악하는 수단으로 오해하기도 합니다. 그러나 이는 경제민주화의 본질이 아닙니다. 진정한 경제민주화란 모든 경제 주체가 공정한 경쟁의 기회를 보장받는 사회적 구조를 만드는 일입니다.

경제민주화를 논하기에 앞서, 먼저 민주주의의 본질부터 짚어볼 필요가 있습니다. 민주주의는 크게 자유와 평등이라는 두 가치에 기반합니다. 자유란 개인이 외부의 강제 없이 자신의 삶을 선택할 수 있는 권리를 의미하며, 직업 선택의 자유, 거주의 자유, 종교의 자유, 사상과 표현의 자유 등을 포함합니다.

경제 영역에서의 자유 역시 이러한 민주주의의 연장선상에 있습니다. 개인과 기업이 자유롭게 직업을 선택하고, 상품과 서비스를 판매·구매하며, 더 나은 기회를 찾아 직장을 이동할 수 있는 자유는 현대 자본주의 시장경제 체제에서 이미 제도적으로 보장되고 있습니다. 이러한 의미에서 볼 때 자유의 측면에서 경제민주화는 새로운 개념이라기보다는 이미 확립된 민주주의 원칙의 적용이라 할 수 있습니다.

문제는 평등의 개념입니다. 평등은 흔히 하나의 개념으로 이해되지만, 실제로는 기회의 평등과 결과의 평등으로 구분됩니다. 자유민주주의와 시장경제 체제는 개인의 능력과 노력에 따라 차이가 발생할 수 있음을 전제로 하면서도, 출발선에서의 기회는 누구에게나 열려 있어야 한다는 기회의 평등을 핵심 가치로 삼습니다.

우리가 추구하는 평등은 열심히 일한 사람이나 안 한 사람이나, 배운 사람이나 안 배운 사람이나, 돈 많은 사람이나 없는 사람이나 똑같이 파이를 나눠 가진다는 결과의 평등이 아닙니다. 돈을 벌 수 있는 기회, 공부할 수 있는 기회, 공무원이 될 수 있는 기회 등을 평등하게 주는 기회의 평등입니다. 물론 그 결과의 격차는 사회적으로 수용 가능한 합리적 수준이어야 합니다.

결과의 평등이나 절대적 평등을 경제민주화의 핵심으로 이해할 경우, 이는 자유민주주의와 시장경제의 원리와 본질적으로 충돌하게 됩니다. 결과의 평등을 강제하는 순간, 개인의 선택과 노력, 창의성과 경쟁은 제한될 수밖에 없으며, 이는 결국 시장의 자율성을 부정하는 방향으로 나아가게 됩니다. 역사가 이를 명확히 증명하고 있습니다.

결과의 평등을 강제한 공산주의 체제는 생산 의욕과 혁신을 약화시키며, 결국 빈곤의 평등이라는 귀결을 초래하였습니다. 소비에트 연방의 해체, 해방 후 우리나라와 북한의 경제 격차가 이를 보여줍니다.

따라서 경제민주화는 결과의 평등이나 절대적 평등을 지향하는 개념이 아니라, 자유를 전제로 한 기회의 평등과 상대적 평등을 강화하는 방향으로 이해되어야 합니다. 이 점을 분명히 하지 않는다면, 경제민주화는 민주주의를 확장하는 개념이 아니라 오히려 그 근간을 흔드는 논리로 오용될 위험이 있습니다.

경제민주화는 한국 사회에서 오랫동안 중요한 정치·경제적 화두로 논의되어 왔습니다. 이 개념은 특히 1987년 헌법 개정 과정에서 헌법 제119조 제2항에 명시되며 제도적 정당성을 획득하였습니다. 해당 조항은 국가가 시장의 지배와 경제력 남용을 방지하고, 경제주체 간 조화를 통해 경제의 민주화를 실현할 수 있도록 규제와 조정을 할 수 있음을 규정하고 있습니다.

경제민주화란 경제적 권력과 자원이 소수에게 과도하게 집중되는 것을 방지하고, 다수의 국민이 공정한 기회를 통해 경제 활동에 참여할 수 있도록 하는 제도적·정책적 장치를 의미합니다. 이는 시장 경제의 효율성과 자율성을 전제로 하되, 시장 실패와 불평등의 심화를 보완하려는 개념입니다.

그 핵심 요소로는 재벌의 독과점 방지와 중소기업 보호를 통한 공정한 경제 질서 확립, 소득과 부의 불균형 완화, 실업보험·연금·최저임금과 같은 사회적 안전망 강화, 소비자와 노동자 등 경제적 약자의 권익 보호를 들 수 있습니다.

경제민주화의 핵심은 균형에 있습니다. 시장의 자유와 국가의 역할, 기업의 이윤추구와 사회적 책임, 그 사이의 균형이 깨질 때 경제는 병듭니다. 자유만 강조하면 탐욕이 생기고, 통제만 강화하면 활력이 사라집니다.

결국 민주화란 자유 속의 질서, 경쟁 속의 공정, 성장 속의 분배를 함께 추구하는 지혜입니다. 기업의 입장에서 경제민주화는 규제가 아니라 기회입니다. 공정한 룰 안에서 혁신을 겨룰 수 있다면, 진짜 실력 있는 기업이 빛을 발합니다. 반대로 특권과 편법이 지배하는 시장에서는 아무리 좋은 경영도 살아남을 수 없습니다.

따라서 경제민주화는 경쟁력의 토대이자, 지속 가능한 성장의 조건입니다. 저는 현장에서 느꼈습니다. 경제민주화를 이념이 아니라 운영의 원리로 이해할 때 기업도, 나라의 경제도 살아납니다. 공정한 경쟁, 투명한 지배구조, 상생의 생태계를 통해 기업은 스스로 성장하고 사회는 함께 번영합니다.

경제민주화 실현을 위한 구체적 방안

경제민주화의 궁극적 목표는 자원과 부가 소수에게 과도하게 집중됨으로써 발생하는 부익부 빈익빈 현상이 심화되고, 그 결과 사회 불안과 경제 침체가 초래되는 상황을 예방하는 데 있습니다. 이를 통해 자유와 평등을 기본 가치로 하는 정치민주화와 시장경제의 기본 질서를 유지·발전시키고, 가능한 많은 사회 구성원이 다 같이 잘산다는 인식을 공유할 수 있는 사회를 실현하는 것이 경제민주화의 본질적 지향점입니다.

그러나 경제민주화의 궁극적 목표는 결과의 획일적 평등이 아닙니다. 다 같이 잘사는 사회란 모든 사람의 소득과 재산을 동일하게 만드는 사회가 아니라, 다수의 국민이 경제적 기회를 통해 인간다운 삶을 영위할 수 있다고 느끼는 사회를 의미합니다.

지속 가능한 다 같이 잘사는 사회는 몇 가지 조건이 충족될 때 가능합니다. 출발선에서의 기회의 평등이 보장되어야 하고, 불가피하게 발생하는 소득과 부의 격차에 대해 사회 구성원들이 감내할 수 있는 수준의 상대적 박탈감 최소화가 이루어져야 합니다. 또한 결과의 불평등이 존재하더라도 그 불가피성에 대해 사회적 합의와 합리적 수긍의 분위기가 형성되어야 합니다. 이러한 조건이 갖추어질 때 비로소 자본주의와 시장경제 체제하에서도 사회적 안정과 통합이 가능해집니다.

경제민주화가 실질적으로 작동하기 위해서는 튼튼한 중산층의 형성이 필수적입니다. 이를 위해서는 중위소득 계층의 확대와 중위소득 이하 계층의 소득 증대가 필요합니다. 이러한 사회를 실현하기 위해서는 국가와 사회의 제도적 기반이 확립되어야 합니다.

교육·문화·경제·사회 각 분야에서 개인이 자신의 노력에 상응하는 보람을 느낄 수 있는 양질의 일자리가 충분히 제공되어야 하며, 교육 기회의 평등과 공정한 기회 보장이 이루어져야 합니다. 더불어 치안과 사회 질서가 안정적으로 유지되는 안전한 사회 환경이 필수적입니다.

아울러 노후 생활과 건강을 보장하는 퇴직연금, 의료보험, 국민연금 등 사회안전망이 촘촘히 구축되어야 하며, 개인 역시 사회의 당당한 구성원으로서 자긍심과 명예를 유지할 수 있을 만큼의 소득을 확보할 수 있어야 합니다. 이러한 제도적·경제적 조건이 충족될 때, 경제민주화가 지향하는 사회적 토대가 비로소 완성될 수 있습니다.

그런데 여기서 결정적으로 중요한 사실이 있습니다. 이러한 중산층 형성과 소득 증대는 기업의 성장과 발전 없이는 결코 실현될 수 없다는 점입니다. 기업이 성장하면 일자리가 창출되고 실업률이 감소하며, 근로자의 소득이 증가합니다. 이는 다시 소비 확대와 세수 증가로 이어져 사회안전망을 강화하는 선순환 구조를 형성합니다.

이와 같은 구조야말로 경제민주화의 궁극적 목표인 다 같이 잘사는 사회를 실현하는 가장 현실적이고 효과적인 경로라 할 수 있습니다. 반대로 기업의 성장과 발전이 저해될 경우, 경제민주화는 공허한 구호에 그칠 뿐이며 사회 전체가 다 같이 못사는 사회로 전락할 위험이 큽니다. 이는 동서고금을 막론하고 반복적으로 증명된 역사적 사실이자 불변의 진리입니다.

기업이 존립하고 지속적으로 성장하기 위한 핵심 요인은 명확합니다. 기업이 생산·판매하는 제품이나 제공하는 서비스가 글로벌 경쟁력을 갖추어, 국내외 시장에서 지속적으로 선택받아야 한다는 점입니다. 이는 시대와 지역을 초월한 보편적 경제 원칙입니다.

이러한 관점에서 볼 때, 경제민주화 정책을 통해 부의 불평등과 집중을 완화하고 다 같이 잘사는 사회를 구현하기 위해서는 좋은 지배구조, 공정거래 질서 확립, 노동자 권익 보호, 소득 재분배 정책이 필요합니다. 그러나 이들 정책은 어디까지나 2차적 과제에 해당합니다. 그 모든 정책의 전제 조건은 기업의 글로벌 경쟁력 유지와 강화이며, 이 전제가 충족될 때 비로소 공정거래와 분배 정책은 실질적효과를 발휘할 수 있습니다.

만약 기업의 글로벌 경쟁력이 약화되거나 상실되어 존립 자체가위협받는 상황이 발생한다면, 실업률 급등과 소득 감소, 세수 급감으로 사회안전망이 붕괴되고, 국가 기간 산업과 에너지 체계마저 정상적으로 작동하지 못하는 사태로 이어질 수 있습니다. 이러한 상황에서 지배구조 개선이나 최저임금, 공정거래 논의는 실질적 의미를상실하게 됩니다.

결론적으로 경제민주화의 목표가 많은 국민이 다 같이 잘사는 사회를 구현하는 데 있다면, 그 실현을 위한 1차적 과제는 기업의 글로벌 경쟁력을 강화하는 정책과 그 실행입니다. 공정거래법이 규정하는 공정거래 질서 확립이나 지배구조 개선, 소득 재분배는 그 다음단계에서 다루어져야 할 과제임을 분명히 인식해야 합니다.

정치민주화와의 차이점과 관계

정치민주화와 경제민주화는 서로 다른 영역의 개념이지만 밀접한 상호관계를 가집니다. 정치민주화가 국민의 정치적 권리와 자유를 보장하고 권력의 집중을 견제하는 과정이라면, 경제민주화는 경제적 자원의 편중을 완화하여 다수 국민에게 공정한 기회를 제공하는 과정이라 할 수 있습니다.

정치민주화가 이루어졌다고 해서 경제민주화가 자동으로 달성되는 것은 아닙니다. 오히려 경제력이 소수에게 집중될 경우, 그 영향력이 정치 영역으로 확장되어 민주적 의사결정 과정이 왜곡될 위험이 커집니다. 따라서 경제민주화는 정치민주화를 보완하는 필수 조건이며, 심각한 경제적 불평등은 민주주의의 토대를 약화시킬 수 있습니다.

우리는 1987년 민주화 이후 정치민주화를 상당 부분 이루었습니다. 그러나 경제민주화는 여전히 진행형입니다. 중요한 것은 정치민주화의 성과를 경제민주화로 연결시키되, 그 과정에서 시장경제의 원리를 훼손하지 않는 지혜가 필요하다는 점입니다.

과거 우리는 한강의 기적을 이루었습니다. 그때 우리 부모 세대는 세계에서 제일 열심히 일하고 노력했습니다. 어떻게 그럴 수 있었을까요? 노력하면 그 결과와 몫이 내 것이 되는 사유재산제도와 열심히 하지 않으면 경쟁에서 탈락되는 시장경제 체제가 있었기 때문입니다.

자본주의 시장경제와의 관계

경제민주화는 자본주의와 시장경제 체제 내부에서 불평등을 완화하려는 시도이기에, 그 과정에서 필연적인 긴장이 발생합니다. 자본주의는 자유 경쟁과 효율성, 성장을 중시하는 체제인 반면, 경제민주화는 분배의 공정성과 약자 보호를 강조합니다. 이로 인해 정부 개입의 범위와 강도를 둘러싼 논쟁이 끊이지 않습니다. 시장에 대한 정부 개입이 과도할 경우 기업의 투자 의욕이 위축되고 성장 동력이 약화될 수 있습니다. 반대로 시장 자율에만 의존할 경우 독과점, 빈부 격차 확대, 사회적 갈등이 심화될 위험이 존재합니다.

따라서 핵심은 어느 한쪽의 극단이 아니라, 시장의 효율성과 사회적 공정성을 조화시키는 균형의 문제라 할 수 있습니다. 독일의 사회적 시장경제나 스웨덴의 노동 시장 유연안전성 모델은 이러한 균형을 제도적으로 구현한 사례로 평가됩니다. 이들 국가에서도 경제민주화는 기업의 경쟁력을 전제로 하며, 신뢰에 기반한 성숙한 시민사회의 절제를 기반으로 하고 있습니다.

그러나 우리나라에서 논의되는 경제민주화는 종종 우려스러운 방향으로 흐르는 경우가 있습니다. 저는 때때로 경제민주화가 본래의 취지에서 벗어나 국가가 기업을 과도하게 통제하는 수단으로 변질될 위험을 느낍니다. 역사를 돌아보면, 독일에서는 바이마르공화국 시절 경제민주화라는 이름으로 조직화된 노조가 경영에 과도하게 개입하면서 기업 활력이 위축된 경험이 있습니다. 경제 내에서 민주주의를 실현한다는 명분이 오히려 경제의 효율성을 떨어뜨린 것입니다.

문제는 시민사회의 성숙과 신뢰를 통한 접근이 아니라, 국가권력을 동원해 기업을 제약하려는 시도가 종종 나타난다는 점입니다. 개발 경제학자 대런 애스모글루와 제임스 로빈슨이 그들의 저서 『좁은 회랑』에서 강조했듯이, 경제의 지속 성장은 제한된 국가권력과 성숙된 시민사회의 균형 속에서만 가능합니다. 어느 한쪽이 과도해지면 반드시 문제가 발생합니다.

경제민주화 논의 과정에서 가장 핵심이 되는것은 대기업, 재벌 규제에 대한 타당성 문제입니다. 재벌 가문과 재벌 기업군은 사실 전 세계에 보편적으로 존재합니다. 한국에만 있는 특이한 현상이 절대 아닙니다. 프랑스의 에르메스는 6대에 걸쳐 가족경영을 이어오고 있으며, 미국의 월마트는 월턴 가문이 3대째 장악하고 있습니다. 포드자동차 역시 포드 가문이 4대째 경영하고 있습니다.

투자의 귀재 워런 버핏이 운영하는 버크셔 해서웨이는 60여 개가 넘는 자회사를 거느리며 보험, 금융, 제조, 교통, 에너지, 유통에 이르기까지 광범위한 사업을 영위합니다. 160년 역사의 스웨덴 발렌베리 가문 또한 자동차, 전자, 제약, 건설, 통신, 금융 등 다각화된 선단식 경영을 하고 있습니다.

홍콩중문대학 경영학 교수의 연구에 따르면, 글로벌 인재와 자금을 시장에서 손쉽게 조달할 수 있는 선진국에서는 기업이 전문화되는 경향이 있지만, 시장 기능이 아직 성숙하지 않은 나라에서는 기업 내부에서 자원을 개발하고 조달해야 하기에 그룹 경영이 오히려 효율적일 수 있다는 것입니다. 우리나라가 1960~1990년대 산업화 시기에 그룹 체제로 성장한 것은 바로 이런 맥락에서 이해할 수 있습니다.

현장에서 40년을 일하며 저는 대기업과 협력업체의 관계를 가까이서 보았습니다. 대기업이 하청업체를 착취한다는 주장이 있지만, 글로벌 경쟁력을 유지하기 위해서는 어쩔 수 없이 불가피한 현상으로 볼 수 있습니다.

예를 들어, 애플과 대만 하청업체를 보면, 2016년 기준 애플의 영업이익률은 약 28%인 반면 제조 하청 3사의 영업이익률은 1~4% 수준에 불과했습니다. 이것이 글로벌 분업 구조의 현실입니다. 무조건 비싸게 사주는 것이 상생이 아닙니다. 기업이 글로벌 경쟁에서 이기려면 적정한 원가 구조를 유지해야 합니다. 진정한 상생은 함께 기술을 개발하고, 품질을 높이고, 세계 시장에서 함께 성장하는 것입니다. 삼성이 협력업체 만족도FSI 제도를 도입하고 동반성장을 추진했던 것도 이런 맥락이었습니다.

대기업의 기술 탈취 문제도 마찬가지입니다. 2010년부터 2020년대까지 재벌 기업이 하청업체 재산권 보호 규정을 위반해 과징금을 받은 사례는 극히 드뭅니다. 물론 문제가 전혀 없다는 것은 아닙니다. 그러나 이를 과도하게 일반화하여 기업 전체를 옥죄는 규제를 만드는 것은 문제의 본질을 벗어난 접근입니다.

또한, 한국 재벌이 법적 문제에 자주 연루되는 것은 사실입니다. 그러나 그 원인을 단순히 기업인의 도덕성 문제로만 볼 수는 없습니다. 세계 최고 수준의 상속세율, 각종 사업 면허에 대한 정부의 광범위한 재량권, 그리고 다른 나라에서는 처벌하지 않는 계열사 지원 행위를 배임으로 처벌하는 독특한 법체계가 복합적으로 작용한 결과입니다.

예를 들어 유럽에서는 피라미드 구조와 상호출자, 차등의결권, 황금주 등 다양한 경영권 보호 수단이 허용됩니다. 그러나 우리나라에서는 피라미드 구조와 상호출자의 결합이 불법 시 되거나 불온시됩니다. 이런 제도적 차이를 고려하지 않고 단순히 도덕적 잣대만으로 판단하는 것은 공정하지 않습니다. 그럼에도 불구하고 우리 경제는 역동성을 잃지 않고 있습니다.

최근 통계를 보면 한국의 부호 중 거의 절반이 자수성가한 기업가들이며, 특히 IT 분야 부호의 대다수는 디지털 경제 시대의 창업가입니다. 재벌이 경제를 과도하게 장악해 신진대사가 막혀 있다는 주장은 현실과 맞지 않습니다.

기업하기 좋은 나라를 향하여

치열한 글로벌 경제 전쟁에서 싸우는 전사는 국회의원도, 학자도, 정부 관료도 아닙니다. 바로 기업입니다. 그리고 기업은 투자라는 무기로 싸웁니다. 잘사는 나라를 만들려면 기업하기 좋은 나라, 투자하기 좋은 나라를 만들어야 합니다. 경제민주화의 목표가 다 같이 잘사는 사회라면, 그 전제는 반드시 기업의 글로벌 경쟁력이어야 합니다. 경쟁력 없는 기업은 살아남을 수 없고, 기업이 무너지면 일자리도, 세수도, 복지도 모두 사라집니다.

경제민주화는 시장과 정부, 자유와 규제, 성장과 분배 사이의 섬세한 균형을 요구합니다. 어느 한쪽으로 치우치면 반드시 부작용이 따릅니다. 우리는 과거에서 배울 필요가 있습니다. 과거는 현재의 발판이며 미래의 거울이기 때문입니다. 특히 우리는 세계가 부러워하는 성공모델을 가지고 있습니다. 한강의 기적이 그것입니다.

그때 우리가 어떻게 했는지 벤치마킹해야 합니다. 당시 우리는 우리도 한번 잘살아 보자는 꿈, 절실한 염원이 있었고, 이 염원을 구심점으로 온 국민을 똘똘 뭉치게 한 통합의 리더십이 있었습니다. 그리고 경제가 제일이라는 실용주의 정책을 국정의 최우선으로 하였습니다.

지금이라도 늦지 않았습니다. 꿈을 가져야 합니다. 왜 우리는 세계 일류국가가 될 수 없습니까? 세계 일류국가는 미국, 유럽, 일본만의 전유물이 아닙니다. 세계일류국가라는 우리의 꿈, 염원을 구심점으로 온 국민이 이념, 지역, 세대를 뛰어넘어 한 방향으로 에너지를 결집해야 합니다.

경제민주화는 기업을 억제하는 이념이 아니라, 기업 성장과 사회적 공정을 조화시키는 전략적 선택일 때 비로소 현실적 의미를 갖습니다. 순서가 중요합니다. 그 순서를 간과한 채 기업 경쟁력을 결과적으로 약화시키는 방향으로 공정거래 규제나 노동·기업 관련 법제를 강화한다면, 이는 명백한 본말전도에 해당하는 정책 결정이라 할 수 있습니다.

제2장

한국의 그룹제도

재벌이라는 이름 속에 담긴 오해

우리가 흔히 '재벌'이라 부르는 제도의 정확한 명칭은 '대규모 기업집단' 또는 '그룹Group'입니다. 재벌이라는 단어에는 이미 부정적 뉘앙스가 담겨 있습니다. 財재산 재와 閥벌족 벌, 즉 '재산으로 뭉친 세력'이라는 의미입니다. 1960~1970년대 언론이 일본의 재벌財閥, Zaibatsu을 번역하며 이 용어를 쓰기 시작했습니다.

당시는 경제개발 초기로, 정부의 지원을 받아 급성장한 대기업들에 대한 국민들의 시선이 곱지 않았던 시절입니다. '저들은 특혜를 받아 부를 쌓았다'는 인식이 팽배했고, 그것이 '재벌'이라는 이름에 고스란히 녹아들었습니다.

그러나 실체를 들여다보면, 한국의 그룹제도는 일본의 재벌과도,

미국의 대기업과도 다른 독특한 형태입니다. 한 가문 또는 소수의 가문이 지배권을 가지며, 여러 계열사가 지주회사 또는 순환출자 구조를 통해 연결된 기업집단입니다. 삼성, LG, 현대, SK 등이 대표적 예입니다.

한국의 그룹제도는 우연이 아닌 필연이었습니다. 일제강점기와 한국전쟁을 거치며 민족자본은 거의 형성되지 않았습니다. 전쟁으로 경제 기반이 초토화된 1950년대, 일본이 철수하며 남긴 귀속재산을 일부 민간인들이 인수하며 초기 기업의 싹이 텄습니다. 이병철, 정주영, 구인회 같은 창업주들이 그들입니다.

1960~1970년대 경제개발 5개년 계획이 수립되면서 상황은 급변했습니다. 박정희 정부는 '선택과 집중' 전략을 택했습니다. 제한된 자원을 특정 기업에 집중 투입하여 빠른 성과를 내겠다는 것이었습니다.

세제 혜택, 수출장려금, 저리 대출 등 파격적 지원이 이어졌고, 소수 기업들이 폭발적으로 성장했습니다. 여기에 한국 특유의 문화적 요인이 더해졌습니다. 유교적 전통은 가족 중심 경영을 자연스럽게 받아들이는 토양이 되었습니다. '내 자식에게 물려주겠다'는 것이 비난받지 않던 시대였습니다.

자원이 부족한 나라가 수출로 먹고살려면 규모의 경제가 필요했습니다. 작은 회사 열 개보다 큰 회사 하나가 해외 바이어를 상대하기 쉬웠습니다. 신용장L/C 하나 받으려 해도 거래 실적과 재무제표가

필요한데, 영세 기업은 상대도 안 해주던 시절이었습니다. 그룹제도
는 이런 시대적 필요에서 탄생했습니다. 순환출자, 지주회사, 가족
경영, 내부거래라는 네 가지 축이 결합하여 한국만의 독특한 기업 생
태계를 만들어냈습니다.

보이지 않는 연결고리들

1970년대 말, 저는 전주제지에서 삼성그룹의 순환출자 구조를 처음 접했습니다. 삼성물산이 삼성전자를, 삼성전자가 삼성생명을, 삼성생명이 다시 삼성물산을 소유하는 방식이었습니다. 마치 세 사람이 손을 맞잡고 원을 그리는 것 같았습니다.

당시 한국은 자본이 절대적으로 부족했습니다. 해방 후 30년이 지났지만, 민간에 축적된 부는 미미했습니다. 한 기업가가 여러 사업을 하려면 천문학적 자본이 필요한데, 그런 돈이 어디 있었겠습니까. 순환출자는 이 문제의 해법이었습니다. 창업주가 10억을 투자하면, 그 10억으로 100억어치의 기업군을 지배할 수 있었습니다. A회사 지분 20%로 A를 지배하고, A가 B회사 지분 20%를 갖고, B가 C회사 지분 20%를 갖는 식이었습니다. 수학적으로 보면 레버리지의 극대화였습니다.

문제는 투명성이었습니다. 누가 진짜 주인인지 외부에서는 알기 어려웠습니다. 더 큰 문제는 이 구조가 때로 부실 계열사를 떠받치는 데 악용되기도 했다는 점입니다. A회사가 망하면 B, C회사가 덩달아 흔들리는 구조였습니다. 결국 2014년 신규 순환출자가 금지되었습니다.

순환출자가 막히자, 그룹들은 지주회사 체제로 전환하기 시작했습니다. 지주회사는 단순했습니다. 최상위에 지주회사를 두고, 그 아래 자회사들이 줄줄이 매달리는 피라미드 구조입니다. 이 구조의 장점은 명확했습니다. 지배구조가 투명해졌습니다. 누가 주인인지 한눈에 보였습니다. 순환출자처럼 복잡하게 꼬이지 않았습니다.

하지만 현실은 녹록지 않았습니다. 지주회사 전환에는 막대한 세금이 따랐습니다. 한 계열사가 다른 계열사 지분을 팔아 지주회사에 넘기는 과정에서 양도소득세와 법인세가 폭탄처럼 터졌습니다. 2000년대 들어 SK, LG, 롯데 등이 지주회사 체제로 전환했습니다. 전환 비용만 수조 원이 들었고, 규제 때문에 사업 다각화에 제약을 받았습니다. 지금 돌이켜 보면, 지주회사는 순환출자보다 나은 대안이었지만, 완벽한 해법은 아니었습니다.

삼성 비서실장 시절, 저는 철저한 가족경영 시스템을 목격했습니다. 이병철 회장이 그룹을 창업했고, 이건희 회장이 승계했으며, 그의 자녀들이 다시 경영 일선에 나서는 모습을 지켜봤습니다. 왜 전문경영인이 아닌 자식에게 물려주는가? 서구 학자들은 이를 비효율의 상징으로 봤습니다. 능력이 아닌 혈연으로 경영자가 정해진다는 것 아닙니까?

하지만 저는 현장에서 다른 진실을 봤습니다. 가족경영의 힘은 장기적 관점, 과감한 결단, 그룹 전체를 아우르는 시각에 있었습니다. 전문경영인은 아무리 유능해도 4~5년 임기를 생각합니다. 하지만 오너는 평생을, 자식 대를 생각합니다.

물론 문제도 많았습니다. 무능한 자식이 회사를 망치는 경우, 형제간 경영권 분쟁, 오너 리스크 등이 있었습니다. 하지만 성공한 그룹들을 보면 2세, 3세가 1세보다 더 나은 경영자인 경우가 많았습니다. 이건희는 이병철보다 삼성을 더 크게 키웠고, 정몽구는 정주영이 닦은 기반 위에 글로벌 기업을 만들었습니다.

내부거래의 순기능은 거래비용 절감, 품질 보증, 신속한 의사결정입니다. 시장에서 업체를 찾고, 입찰하고, 계약서 쓰고, 사후관리하는 데 드는 시간과 돈을 아낄 수 있었습니다. 하지만 역기능도 분명했습니다. 1990년대, 삼성물산 회장 시절 저는 이 문제로 골머리를 앓았습니다. 일부 계열사들이 부실한데도 물산이 계속 일감을 줘야 한다는 압력을 받았습니다. '같은 그룹 아니냐'는 논리였습니다.

문제는 경쟁력이었습니다. 계열사가 시장가보다 비싸거나 품질이 떨어져도 거래를 해야 했습니다. 이는 결국 전체 그룹의 경쟁력을 갉

아먹었습니다. 외부 시장에 노출되지 않으니 혁신할 동기가 없었습니다. 2000년대 들어 정부가 내부거래를 규제하기 시작했습니다. 일정 규모 이상 거래는 이사회 승인을 받아야 하고, 공정거래위원회에 신고해야 했습니다. 그룹들은 불편해했지만, 장기적으로는 도움이 되었습니다. 계열사들이 경쟁력을 갖추지 않으면 안 되는 구조가 되었으니까요.

순환출자, 지주회사, 가족경영, 내부거래. 이 네 가지는 따로 작동한 것이 아닙니다. 유기적으로 결합하여 한국 그룹만의 독특한 생태계를 만들었습니다. 적은 자본으로 큰 기업군을 지배하고, 장기적 관점으로 과감한 투자를 하고, 그룹 내 자원을 효율적으로 활용하는 시스템. 이것이 한국 기업들이 반세기 만에 세계적 기업으로 성장한 비결이었습니다.

물론 완벽하지 않았습니다. 투명성 부족, 소액주주 경시, 부실 계열사 떠받치기, 오너 리스크 등 문제가 많았습니다. 이제 시대가 변했습니다. 이 구조를 그대로 유지할 수는 없습니다. 하지만 완전히 버릴 수도 없습니다. 진화시켜야 합니다.

시대가 빚은 거인들

해방이 되었을 때 우리에게 남은 것은 일본이 버리고 간 공장과 토지, 그리고 무지막지한 가난뿐이었습니다. 이른바 '귀속재산' 불하가 시작되었습니다. 일본인들이 소유했던 공장, 광산, 토지를 민간에 팔기 시작한 것입니다. 삼성의 이병철, 현대의 정주영, LG의 구인회 같은 창업주들이 이때 기회를 잡았습니다. 하지만 그들을 특혜를 받은 졸부로 보는 건 오해입니다.

당시 귀속재산을 인수하려면 막대한 자금이 필요했고, 운영 능력을 입증해야 했습니다. 대부분은 폐허나 다름없는 시설이었습니다. 기계는 낡았고, 기술자는 없었고, 원자재를 구할 길도 막막했습니다. 그들은 재벌이 아니었습니다. 그냥 하루하루 살아남으려 발버둥

치는 영세 기업인들이었습니다.

1964년, 저는 행정고시에 합격하여 감사원에 들어갔습니다. 공무원으로서 저는 박정희 정부의 경제개발 정책을 가장 가까이서 목격했습니다. 그것은 '선택과 집중'이었습니다. 제한된 자원을 모든 기업에 골고루 나눠줄 수는 없었습니다. 정부는 몇몇 기업을 선택하여 집중 지원했습니다. 저리 융자, 외화 배정, 세제 혜택, 수출 장려금. 조건은 명확했습니다. '수출하라. 외화를 벌어오라.'

1973년, 박정희 대통령이 중화학공업 육성 선언을 했습니다. 철강, 조선, 기계, 전자, 석유화학. 이 분야에 천문학적 자금이 쏟아졌습니다. 포항제철은 정부 프로젝트로 만들어졌고, 현대는 조선소를, 삼성은 중공업을 시작했습니다.

1990년대는 한국 그룹들의 전성기였습니다. 저는 삼성물산 회장과 비서실장으로서 그 정점을 경험했습니다. 삼성전자가 세계 메모리 반도체 시장 1위에 올랐습니다. 현대자동차가 미국 시장에서 인정받기 시작했습니다. 포스코가 세계 최고 품질의 철강을 생산했습니다. LG전자가 세계 각국에 공장을 세웠습니다.

하지만 그 이면에는 위험 신호가 있었습니다. 과도한 차입 경영이었습니다. 그룹들은 미래를 위해 빚을 내서 투자했습니다. 부채비율이 200%, 300%를 넘어섰습니다. '빚 내서 투자하고, 수출해서 갚으면 된다'는 논리였습니다. 고도성장기에는 통했습니다. 하지만 성장이 멈추면 어떻게 됩니까?

1997년 11월, IMF 외환위기가 터졌습니다. 대우, 한보, 기아, 쌍용. 재벌들이 줄줄이 무너졌습니다. 살아남은 그룹들도 구조조정의 칼바람을 맞았습니다. 저는 그 과정에서 뼈저린 교훈을 얻었습니다. 재무 건전성은 선택이 아니라 필수입니다. 아무리 미래가 밝아도, 당장 빚을 갚을 돈이 없으면 망합니다. 그룹 시스템의 맹점은 연쇄 부실입니다. 한 계열사가 망하면 다른 계열사들이 연대보증 때문에 같이 흔들립니다.

이 위기를 거치며 한국 그룹들은 변했습니다. 순환출자를 줄였습니다. 지주회사 체제로 전환하기 시작했습니다. 부채비율을 200% 이하로 낮췄습니다. 계열사 간 상호지급보증을 폐지했습니다.

저는 2013년부터 3년간 한국마사회 회장을 지내며 다시 한번 한국 경제를 조망할 기회를 가졌습니다. 그리고 걱정스러운 징후를 발견했습니다. 한국 그룹들이 조심스러워졌습니다. IMF의 트라우마가 너무 컸던 것입니다. 투자보다는 현금 보유를, 도전보다는 안전을 선택했습니다. 2010년대 들어 중국 기업들이 치고 올라왔습니다. 반도체, 디스플레이, 조선, 철강. 한때 우리가 세계 1위였던 분야에서 중국이 우리를 위협하기 시작했습니다.

70년의 역사가 우리에게 말해 주는 것은 무엇입니까? 그룹 시스템은 시대의 산물이었습니다. 그것은 성공했습니다. 반세기 만에 세계 10위권 경제 대국을 만들었습니다. 하지만 부작용도 컸습니다. 이제 새로운 진화가 필요한 시점입니다.

빛과 그림자

1983년 2월 8일. 삼성이 메모리 반도체 사업에 진출하던 당시, 세계 시장은 미국의 마이크론과 일본의 도시바·히타치, 샤프 등이 이미 치열하게 경쟁하고 있는 상태였습니다.

공급이 수요를 초과하는 전형적인 바이어 주도 시장이었고, 한 개 라인 건설에 1조 원 이상이 소요되는 자본집약적 산업이었으며, 기술 변화 속도도 매우 빨랐습니다. 기술력과 전문 인력 기반이 전무하던 한국의 삼성이 이 시장에 진입하는 것은 업계와 전문가들 모두가 '불가능하다'고 판단한 선택이었습니다.

이후 업계의 예상대로 삼성 그룹은 두 차례에 걸쳐 부도 위기에 직면했고, 64K DRAM 개발 이후에는 기존 강자들이 노골적인 덤핑 공세로 삼성 죽이기에 나섰습니다. 가격은 10분의 1 수준까지 폭락했고, 삼성은 원가 이하 판매로 수천억 원의 손실을 감수해야 했습니다.

이 위기를 극복할 수 있었던 힘은 '그룹'이라는 구조였습니다. 삼성전자 단일 회사 차원이 아니라, 그룹 전체가 반도체 사업에 총력 지원 태세로 돌입했습니다. 삼성생명·삼성화재에서 거액의 자금이 유입되었고, 삼성물산의 무역 전문가들이 해외 장비 도입을 담당했으며, 제일제당·제일모직에서 차출된 우수 인력들이 반도체 부문으로 투입되었습니다. 한 계열사가 힘들면 다른 계열사가 지원했습니다.

만약 삼성전자가 독립 회사였다면 1985년에 문을 닫았을 것입니다. 주주들이 "왜 흑자 나는 TV 사업 자금을 적자 나는 반도체에 쏟아붓느냐"라고 항의했을 것이고, 버텨낼 방법이 없었을 것입니다. 1988년 드디어 흑자 전환, 1992년 세계 1위 달성했습니다.

1970년대 중반, 현대자동차가 '포니'를 개발할 때도 비슷한 상황이었습니다. 정주영 회장은 자동차 제조 경험이 전혀 없었습니다. "그런데 독자 모델을 만들겠다고?" 세상이 비웃었습니다. 현대자동차는 자본도, 기술도 부족했습니다. 하지만 현대건설이 중동에서 벌어들인 오일 달러가 있었습니다. 현대중공업의 기계 가공 기술이 있었습니다. 정주영 회장은 중동 건설로 번 돈을 자동차에 쏟아부었습니다.

"건설은 한 번 하면 끝이지만, 자동차는 계속 팔 수 있다"라는 게 그의 논리였습니다. 포니 개발에 실패하면 현대그룹 전체가 흔들릴 수도 있었습니다. 하지만 정 회장은 밀어붙였고, 결국 성공했습니다. 1976년 포니 출시, 1986년 미국 수출 개시. 지금의 현대차는 세계 5위 자동차 회사입니다.

하지만 동전에는 반드시 뒷면이 있습니다. 1990년대 초, 삼성비서실장 시절 저는 많은 중소기업 사장들을 만났습니다. 그들 대부분이 같은 불만을 토로했습니다.

"삼성이 우리 분야에 들어오면 우리는 죽습니다.", "대기업이 납품 단가를 후려치면 우리는 적자를 보면서도 납품해야 합니다.", "좋은 인재는 다 대기업으로 갑니다. 우리한테는 안 옵니다."

그들의 말이 틀리지 않았습니다. 대기업은 자본력으로 시장을 장악했습니다. 품질이 좀 떨어져도, 가격을 낮춰서 시장을 먹어버렸습니다. 적자를 몇 년 보면서도 버틸 수 있었으니까요. 중소기업은 1년만 적자 나면 문 닫아야 했습니다. 2025년 기준, 한국 10대 그룹의 자산이 GDP의 60%를 크게 상회하는 수준에 이르는 것으로 추정됩니다. 반면, 고용은 전체 취업자의 10% 안팎에 그치고 있어, 엄청난 자산을 가지고 있음에도 고용은 적게 창출한다는 뜻입니다.

또한, 정경유착 문제는 솔직히 변명의 여지가 없습니다. 1960~1980년대 정치자금 제공은 공공연한 비밀이었습니다. 기업들은 정부의 인허가를 받으려면, 대출을 받으려면, 세무조사를 피하려면 정치인들에게 돈을 줘야 했습니다. 저는 공직 생활을 하며, 그리고 기업인으로 살며 이 문제를 여러 번 목격했습니다. 떳떳하게 말할 수 없는 일들이었습니다.

물론 시대적 한계도 있었습니다. 당시는 민주주의가 제대로 작동하지 않았고, 법치가 확립되지 않았습니다. 기업 입장에서는 생존을 위한 어쩔 수 없는 선택이었다고 항변할 수도 있습니다. 하지만 결과적으로, 이는 국민들에게 기업에 대한 부정적 이미지를 심어줬습니다. '대기업은 정치인과 짜고 부정하게 돈을 번다'는 인식이 굳어졌습니다. 1990년대 이후 많이 개선되었지만, 정경유착의 그림자는 여전히 남아 있습니다.

그뿐만 아니라 사회적으로 양극화 문제도 있습니다. 대기업 정규직과 중소기업 비정규직의 임금 격차는 2배가 넘습니다. 삼성전자 과장과 협력업체 과장의 연봉 차이는 2~3배입니다. 복지 혜택까지 포함하면 더 벌어집니다. 같은 일을 해도, 어느 회사 소속이냐에 따라 대우가 천지 차이입니다.

문제는 이동이 막혀 있다는 점입니다. 중소기업에서 대기업으로 이직하기가 하늘의 별 따기입니다. 신입 채용 때 대기업에 들어가지 못하면, 평생 그 격차를 안고 살아야 합니다. 이는 청년들에게 좌절감을 줍니다. '노력해도 소용없다'는 패배주의가 퍼집니다.

그룹제도를 놓고 '좋다' 대 '나쁘다'로 싸우는 것은 생산적이지 않습니다. 둘 다 진실이기 때문입니다. 삼성반도체, 현대자동차, 포스코는 그룹 시스템 없이는 불가능했습니다. 이것이 진실입니다. 동시에, 경제력 집중, 오너 리스크, 정경유착, 소득 불평등은 그룹 시스템이 낳은 폐해입니다. 이것도 진실입니다.

중요한 것은 장점은 살리고 단점은 줄이는 것입니다. 장기적 투자와 과감한 도전이라는 장점은 유지하되, 투명성을 높이고 소액주주를 보호해야 합니다. 오너의 리더십은 존중하되, 독단과 전횡은 막아야 합니다. 그룹 내 시너지는 살리되, 중소기업의 성장 기회를 막아서는 안 됩니다.

세 가지 모델, 세 가지 운명

일본 재벌의 역사는 메이지 시대1868년 이후로 거슬러 올라갑니다. 미쓰이는 1673년, 스미토모는 1590년에 시작되었습니다. 300~400년 역사를 가진 기업들입니다. 제2차 세계대전 후 GHQ연합군 최고사령부가 이들을 해체했습니다. 하지만 1950년대 들어 '케이레츠'라는 느슨한 형태로 다시 뭉쳤습니다.

일본 케이레츠의 특징은 이렇습니다. 가족경영이 거의 없습니다. 전문경영인들이 회사를 운영합니다. 각 회사가 독립적입니다. 서로 주식을 조금씩 가지고 있지만, 누가 누구를 지배하지 않습니다. 은행이 중심입니다. 정치와 거리를 둡니다. 저는 이 시스템을 보며 부러웠습니다. 투명하고, 안정적이고, 장기적 관점을 가지고 있었으니까요.

하지만 동시에 한계도 봤습니다. 1990년대 말, 일본 경제가 '잃어버린 20년'에 접어들 때 저는 그 이유를 이해했습니다. 전문경영인은 보수적입니다. 4~5년 임기 동안 실수 안 하고 넘기는 게 목표입니다. 과감한 투자? 위험합니다. 실패하면 자기 책임이니까요. 결과는? 소니가 애플에게, 샤프가 삼성에게, 도시바가 대만 기업들에게 밀렸습니다. 안정적이지만 역동성을 잃은 것입니다. 삼성 반도체나 현대자동차 같은 담대한 도전은 일본 케이레츠에서는 나오기 어려웠을 것입니다.

중국 기업집단은 크게 두 종류입니다. 첫째, 국유기업SOE입니다. 바오우, 중국석유, 중국은행 등입니다. 정부가 100% 소유하거나 지배 지분을 가집니다. CEO는 공산당이 임명합니다. 둘째, 민영기업입니다. 화웨이, 알리바바, 텐센트 등입니다. 민간인이 창업했지만, 당의 강력한 감독을 받습니다. 중국 기업집단과 한국 그룹이 비슷해 보이는 점도 있습니다. 다각화, 정부 지원, 경제 내 높은 비중. 하지만 본질은 다릅니다.

한국은 민간 소유, 중국은 대부분 국가 소유입니다. 한국은 창업 가문이 세습, 중국은 당이 임명합니다. 한국 그룹은 이윤 추구, 중국 국유기업은 국가 전략 수행입니다.

2020년, 마윈이 알리바바 회장직에서 물러나고 한동안 공개 석상에서 사라졌습니다. 이유는 정부 정책을 공개 비판했기 때문입니다. 이것이 중국 모델의 현실입니다. 아무리 성공한 기업가라도 당의 눈밖에 나면 끝입니다. 장점은 분명합니다. 국가가 막대한 자원을 집중 투입하므로 단기간에 산업을 일으킬 수 있습니다. 하지만 단점도 큽니다. 혁신이 제한됩니다. 정부 지시에 따라 움직이다 보니 시장의 변화에 빠르게 대응하기 어렵습니다. 무엇보다, 자유가 없습니다.

그렇다면 한국은 어떤 방향으로 가야 합니까? 우리는 우리만의 길을 가야 합니다. 세 모델의 장점을 취하고 단점을 피하는 것입니다. 일본에서 배울 점은 투명성, 전문성, 안정성입니다. 중국에서 배울 점은 장기적 전략, 과감한 투자입니다. 우리가 지킬 점은 오너의 리더십, 빠른 의사결정, 그룹 시너지입니다.

외국 모델을 무조건 따라 하지 말고 우리 것을 진화시켜야 합니다. 투명성은 높이되 오너십은 유지하고, 전문성은 강화하되 스피드는 잃지 말고, 규제는 받아들이되 혁신은 멈추지 말아야 합니다. 그것이 한국형 모델의 미래입니다.

다시 일어서야 할 시간

제가 전주제지에 입사한 1970년대, 한국 경제는 연 평균 10% 안팎으로 빠르게 성장했습니다. 1980년대도 7~9% 수준의 높은 성장세를 유지했습니다. 하지만 지금은 어떻습니까? 1990년대 5%대, 2000년대 4%대, 2010년대 3%대, 2020년대 2%대 수준에 그치고 있습니다. 한국은행은 2030년 이후 잠재성장률이 1% 이하로 떨어질 것으로 전망합니다.

서민 경제는 비명을 지르고 있습니다. 2025년 상반기, 취약계층이 정부 정책대출을 갚지 못해 정부가 대신 갚아준 금액이 1조 원을 넘었습니다. 햇살론15의 대위변제율은 25.3%입니다. 4명 중 1명이 돈을 못 갚는다는 뜻입니다. 카드대출 잔액은 44조 원으로 21년 만에 최고치입니다.

가장 충격적인 지표는 이것입니다. 2005년 상위 10대 수출품목은 반도체, 석유제품, 자동차, 석유화학, 철강판, 선박, 자동차부품, 디스플레이, 무선통신기기, 컴퓨터였습니다. 2024년은 컴퓨터가 빠지고 가전제품이 들어간 것 외에 거의 변화가 없습니다. 같은 기간, 미국 다우존스 지수 편입 기업은 혁명적으로 변했습니다석유·석탄 기업 퇴출, 코닥 퇴출, GM 퇴출, GE 퇴출 그리고 인텔, 마이크로소프트, 애플, 엔비디아 편입. 한국은 20년간 정체되어 있습니다. AI, 바이오, 로봇, 우주항공 등 4차 산업혁명 시대의 핵심 산업에서 한국은 뒤처지고 있습니다.

세계는 경제 전쟁 중입니다. 약육강식의 법칙만 적용됩니다. 강하면 살고, 약하면 죽습니다. 무엇이 강함과 약함을 가릅니까? 글로벌 경쟁력입니다. 그런데 한국의 경쟁력이 흔들리고 있습니다. 1997년 IMF 외환위기가 분수령이었습니다. 대우그룹이 하루아침에 해체되는 것을 보며 우리 기업들은 새로운 교훈을 얻었습니다.

"무리한 투자는 망하는 길이다. 현금이 제일이다." 경영 패러다임이 바뀌었습니다. 즉, 적극 경영에서 안전 경영으로, 투자보다 재무 건전성으로, 도전보다 현금 흐름으로 바뀌었습니다. 하지만 결과는 투자율 급감, 성장률 동반 하락이 되었습니다.

IMF와 정부의 권유로 우리는 글로벌 스탠더드를 도입했습니다. 투명 경영, 주주 중심 경영, 소액주주 보호, 사외이사 제도. 좋은 제도들입니다. 하지만 부작용이 있었습니다. 투자는 본질적으로 리스크 테이킹입니다. 현재의 이익보다 미래의 기회를 선택하는 것입니다.

그런데 대표소송, 집단소송, 배임죄가 도입되면서 경영진이 투자를 주저하게 되었습니다. 1983년 이병철 회장이 반도체 투자를 결정할 때, 만약 지금 같은 법적 환경이었다면 분명히 소송에 휘말렸을 것입니다. "왜 흑자 나는 TV 사업 자금을 적자 나는 반도체에 쏟아붓느냐"라며 주주들이 배임죄로 고발했을 것입니다.

정부 규제도 문제입니다. 지주회사 요건 강화, 은산분리 규제, 집중투표제. 더 큰 문제는 '피터팬 증후군'입니다. 중소기업이 성장해서 중견·대기업이 되면 각종 세금 감면 혜택이 사라집니다. 규제는 대폭 늘어납니다. 그래서 기업들이 일부러 성장을 멈춥니다. 성장하면 벌을 받는 나라가 어디 있습니까?

그렇다면 누가 이 위기를 돌파할 수 있습니까? 정부입니까? 정치권입니까? 저는 공무원 생활을 했고, 정치에도 뛰어들었습니다. 그래서 압니다. 정치권은 표만 신경 씁니다. 장기적 개혁은 표에 도움이 안 됩니다. 그래서 안 합니다. 중소기업입니까? 스타트업입니까? 훌륭한 중소기업, 혁신적인 스타트업이 많습니다. 하지만 그들에게는 자본이 없습니다. 기술이 부족합니다. 글로벌 시장에서 이미 기득권을 누리는 선진 기업들과 싸울 무기가 없습니다.

결국 대기업, 그룹입니다. 현재 한국을 먹여 살리는 주요 수출품목은 거의 대부분 대그룹이 만듭니다. 반도체삼성, SK, 자동차현대·기아, 석유화학LG, SK, 롯데, 철강포스코, 조선한화, HD현대. 미래 먹거리를 개발할 자본, 기술, 인재, 마케팅 능력을 가진 곳도 대기업입니다.

대기업의 역할과 사명

치열한 글로벌 경쟁 환경에서 우리 경제를 지탱하고 있는 반도체, 자동차 등의 경쟁력을 계속 지켜나가고 미래 먹거리 품목을 새로 개발하여 경쟁력을 가지려면 그룹의 인적물적자원을 총동원해야 할 뿐 아니라 그룹 전체의 흥망을 건 투자와 결단 없이는 불가능한 일입니다.

그리고 새로운 먹거리가 되는 첨단 기술이나 제품은 복합화와 융합화 없이는 경쟁력을 가질 수 없는 것이 최근의 동향입니다. 그런데 우리나라 그룹은 이미 여러 분야 산업과 업종, 기술과 인력을 이미 갖추고 있습니다. 이런 의미에서 그룹제도를 잘 활용하여 위기에 처해 있는 우리 경제를 도약시키도록 공감대를 형성해야겠으며 대기업그룹도 이런 사명감과 책임감을 갖고 분발해야 되겠습니다.

경영의
알파와
오메가

제3장

기업과 지배구조

지배구조의 정답은 없다

본격적 논의 계기

1997년 겨울, 대한민국은 충격에 빠졌습니다. IMF 외환위기라는 초유의 사태 앞에서 우리는 무너졌고, 그동안 쌓아올린 모든 것이 한순간에 무용지물이 되는 듯했습니다. 거리에는 실업자가 넘쳐났고, 기업들은 줄줄이 문을 닫았습니다. '코리아 디스카운트'라는 씁쓸한 말이 우리 경제를 규정하는 단어가 되었습니다. 그때 우리는 처음으로 진지하게 물었습니다. "도대체 무엇이 잘못된 것인가?" 그리고 그 질문의 중심에 기업의 지배구조 문제가 있었습니다.

돌이켜 보면, 우리나라 경제의 지난 80여 년은 실로 드라마틱한 여정이었습니다. 1945년 해방 이후 1959년까지, 우리는 미국 원조에 의존하며 겨우 하루하루를 버텨냈습니다. 전쟁의 잿더미 위에서 무엇을 어떻게 시작해야 할지조차 몰랐던 혼란의 시기였습니다. 저역시 제주도의 가난한 집에서 태어나, 해방과 전쟁을 겪으며 결핵을앓고 식빵으로 끼니를 때우던 그 시절을 생생히 기억합니다.

그러나 1960년부터 1979년까지, 우리는 기적을 만들어냈습니다.산업화와 경제개발계획이 본격적으로 추진되면서, '한강의 기적'으로 불리는 고도성장을 이뤄냈습니다. 아무것도 없던 나라가 수출100억 달러를 달성하고, 철강·조선·전자 산업을 일으켰습니다.

그때 우리 기업들의 전략은 명확했습니다. 빨리, 더 크게, 더 많이.시장을 선점하고, 규모의 경제를 이루고, 수직계열화로 경쟁력을 확보하는 것이었습니다. 박정희 대통령이 "빈곤에서 벗어나는 유일한길은 성장뿐이다"라고 했던 것처럼, 성장은 당시 우리의 절체절명의과제였습니다.

1980년부터 1997년까지는 경제 안정화와 민주화로 전환되던 시기였습니다. 3저 호황을 누리기도 했고, 올림픽을 개최하며 선진국문턱에 섰다고 자부했습니다. 그러나 그 이면에서는 과도한 차입 경영, 문어발식 확장, 부실한 재무구조라는 시한폭탄이 째깍거리고 있었습니다.

그리고 1997년 11월, 폭탄이 터졌습니다. IMF 외환위기는 단순한 금융위기가 아니었습니다. 그것은 우리 경제 체질 전체에 대한 심판이었고, 우리 기업 경영 방식 전반에 대한 무효 선언이었습니다.외환위기 이전 우리 기업의 성장 전략, 경영 방침, 운영 시스템, 의사결정 체제는 모두 경제 파탄의 주범으로 지목되었습니다.

IMF가 권고한 글로벌 스탠더드는 마치 금과옥조처럼 받아들여졌습니다. 미국식, 유럽식 경영이 정답이고, 우리 방식은 틀렸다는 것이 당시의 분위기였습니다. 모든 제도와 관행을 그들의 기준에 맞추어 변혁하는 것만이 살 길이라고 믿었습니다. 그 결과는 전면적이었습니다. 그룹 경영 체제는 맹렬한 비판을 받았고, 대기업 집단, 재벌이라는 말 자체가 부정적인 뉘앙스를 띠게 되었습니다.

자기자본비율 같은 재무 건전성 지표가 최우선 과제가 되었고, 주주 중시 경영과 소액주주 보호가 강화되었으며, 캐시플로우 중심 경영이 확산되었습니다. 사업 다각화 전략은 폐기되고, 핵심 사업 중심 경영이 새로운 표준이 되었습니다. 한마디로, 지금까지 한국 경제 성장 발전의 견인차 역할을 해왔던 경영 체제와 전략은 거의 전부 무장 해제되었습니다. 경영 패러다임은 사실상 180도 전환되었습니다.

물론 이러한 변화가 가져온 긍정적 측면도 분명히 있었습니다. 한국 경제와 한국 기업은 글로벌 스탠더드라는 공통의 틀을 수용함으로써, 세계 경제 체제 속에서 이제 더는 이단아나 질서 교란자가 아니라 정당한 구성원으로 인정받게 되었습니다. 기업의 투명성은 높아졌고, 재무구조는 건전해졌으며, 주주들의 권리는 강화되었습니다.

그러나 그 이면에는 우리가 미처 예상하지 못했던 부작용들이 있었습니다. 투자는 지나치게 신중하고 소극적으로 변했습니다. 장기적인 전략 경영보다는 단기 성과에 집착하는 경향이 강해졌습니다. 시장 점유율 확대나 세계 일류 제품 창출보다 주가가 더 중요한 경영 목표가 되었습니다.

특히 구조조정 과정에서의 대량 해고는 한국 기업 문화의 근간을 뒤흔들었습니다. 종신 직장이라는 인식이 사라졌고, 회사에 대한 로열티가 크게 약화되었습니다. 의사결정은 지연되었고, 책임을 회피하려는 성향이 심화되었습니다.

윈스턴 처칠의 말처럼, 위기는 변화의 기회입니다. 그러나 우리는 그 기회를 제대로 활용했을까요? 아니면 너무 성급하게, 너무 일방적으로 우리의 것을 버리고 남의 것을 받아들인 것은 아니었을까요? 이러한 배경과 과정을 거치며, 한국 기업 경영의 핵심 과제로 떠오른 질문이 바로 이것이었습니다. "과연 어떤 지배구조가 합리적이며, 한국의 경영 환경에 적합한가?"

이 질문은 단순히 학문적 호기심이 아니었습니다. 그것은 생존의 문제였고, 성장의 문제였으며, 궁극적으로는 우리 기업이 글로벌 경쟁에서 살아남을 수 있느냐의 문제였습니다. 삼성에서 40여 년을 보내며, 저는 이 질문과 끊임없이 씨름해 왔습니다. 호텔신라, 삼성건설, 삼성물산을 거치며, 그리고 이건희 회장의 비서실장으로서 신경영을 현장에서 추진하며, 저는 한국 기업의 지배구조가 어떤 방향으로 나아가야 하는지 고민했습니다.

기업지배구조의 개념과 형태

기업을 배에 비유해 봅시다. 배가 목적지에 도달하기 위해서는 선장이 필요하고, 항해사가 필요하고, 선원들이 필요합니다. 그리고 배의 주인인 선주도 있습니다. 때로는 승객들도 타고 있습니다. 이들은 각자의 역할이 있고, 각자의 이해관계가 있습니다.

선장CEO은 배를 안전하게, 효율적으로 운항하고 싶어 합니다. 선주대주주는 배가 수익을 내기를 바랍니다. 승객들소액주주은 무사히 목적지에 도착하기를 원합니다. 선원들직원은 안정적인 일자리와 공정한 대우를 바랍니다. 항구의 관리자들규제당국은 규칙을 지키기를 요구합니다.

기업지배구조란, 바로 이 모든 사람들의 권한과 책임을 명확히 규정하고, 배가 목표를 향해 나아갈 수 있도록 의사결정과 경영 활동을 효율적이고 투명하게 운영하기 위한 시스템과 절차입니다.

1990년대 초반, 이건희 회장의 신경영을 현장에서 추진할 때, 저는 이 지배구조의 중요성을 절감했습니다. "마누라와 자식 빼고 다 바꾸라"라는 이 회장의 말은 단순히 제품이나 프로세스만 바꾸라는 것이 아니었습니다. 의사결정 구조, 권한 체계, 책임 소재를 근본적으로 재설계하라는 뜻이었습니다.

세상에는 배를 움직이는 여러 방식이 있습니다. 기업지배구조도 마찬가지입니다. 크게 다섯 가지 형태로 나눌 수 있습니다.

첫째, 주주 중심 지배구조입니다. 이 구조에서는 주주, 즉 배의 소유주가 최우선입니다. 경영진은 주주 가치를 극대화하는 데 집중합니다. 미국과 영국이 대표적입니다. 1990년대 후반, IMF 위기 이후 우리나라도 이 방식을 강하게 도입했습니다. '주주가치 경영', 'ROE 중시', '주가 관리'가 핵심 키워드가 되었습니다. 분기마다 실적을 발표하고, 주주들에게 배당을 늘리고, IR투자자 관계에 많은 자원을 투입했습니다.

둘째, 이해관계자 중심 지배구조입니다. 주주뿐만 아니라 직원, 고객, 협력사, 지역사회 등 다양한 이해관계자의 이익을 균형 있게 고려하는 구조입니다. 독일과 일본이 전통적으로 이 모델을 따릅니다. 일본 게이오대학에서 공부할 때, 저는 일본 기업들의 독특한 경영 방식에 놀랐습니다. 그들은 주주배당보다 직원 고용안정을 우선시했고, 단기 이익보다 장기 관계를 중시했습니다. 협력사를 '계열사'처럼 여기며 함께 성장하려 했습니다.

셋째, 집중소유형 지배구조입니다. 창업주나 대주주가 기업 지분을 대량 보유하고, 직접 경영에 깊숙이 관여하는 구조입니다. 한국, 중국, 동남아시아의 많은 기업이 이 형태입니다. 솔직히 말하면, 저는 이 구조의 장점을 누구보다 잘 압니다. 삼성에서 일하며 이병철 회장, 이건희 회장의 결단력을 봤습니다. 1993년 프랑크푸르트 신경영 선언, 반도체 투자, 디지털 전환…, 이런 과감한 결정들은 소유와 경영이 분리된 구조에서는 쉽지 않았을 것입니다.

넷째, 분산소유형 지배구조입니다. 다수의 주주가 지분을 나누어 소유하고, 전문경영인이 주주 전체의 이익을 대변하여 경영하는 구조입니다. 대표적으로 미국의 많은 상장사가 이 모델입니다. 2000년대 들어 한국에서도 '전문경영인 시대'가 회자되었습니다. 소유와 경영의 분리, 투명한 경영, 견제와 균형 등 이론적으로는 아름다웠습니다. 그러나 현실에서는 어떨까요? 한국마사회 회장을 맡았을 때, 저는 이 구조의 한계도 경험했습니다. 책임은 분산되고, 결정은 지연되고, 때로는 누구도 책임지지 않는 상황이 발생했습니다.

다섯째, 이사회 중심 지배구조입니다. 이사회가 경영진을 감독하고, 기업의 주요 의사결정을 주도하는 구조입니다. 사외이사 제도, 이사회 내 위원회 구성 등이 핵심입니다. IMF 이후 한국에서 가장 강조된 것이 바로 이것이었습니다. '독립적 이사회', '사외이사 과반', '감사위원회' 등 모두 중요한 제도입니다. 그러나 저는 묻고 싶습니다. 이사회가 정말 독립적으로 작동하는가? 아니면 형식적인 거수기에 불과한가?

1980년대 호텔신라 대표이사를 맡았을 때의 일입니다. 신라호텔은 서비스업이었고, 삼성전자는 제조업이었습니다. 같은 삼성그룹이라도 두 회사의 의사결정 방식, 조직 문화, 경영 스타일은 완전히 달라야 했습니다. 호텔은 현장이 전부입니다. 고객이 로비에 들어서는 순간부터 체크아웃할 때까지, 모든 접점에서 즉각적인 의사결정이 필요합니다.

반면 반도체 공장은 장기 투자, 기술 개발, 대규모 설비가 핵심입니다. 이처럼 업종이 다르면, 전략이 다르고, 전략이 다르면 조직구조가 달라야 하며, 조직구조가 다르면 지배구조도 달라야 합니다.

미국 타임-워너 합병 사례를 봅시다. 1990년, 타임은 워너브러더스와 주당 70달러에 합병을 추진 중이었습니다. 그때 파라마운트가 나타나 주당 200달러를 제시했습니다. 주주들 입장에서는 3배 가까운 프리미엄이었습니다. 그러나 타임 이사회는 거절했습니다. 기업 문화를 지키기 위해서였습니다. 미국 법원도 이를 인정했습니다.

"기업은 주주 가치만이 아니라, 적법한 범위에서 어떤 목적과 방법도 추구할 수 있다"라고 판결했습니다. "기업의 주인은 누구인가? 주주인가, 법인 자체인가?" 이 근본적 질문에 대한 답에 따라, 지배구조의 형태는 달라집니다. '좋은 지배구조'를 정의하는 절대적 기준은 없습니다. 지배구조는 수단이지 목적이 아닙니다. 진정한 목적은 기업의 생존과 성장, 경쟁력 강화입니다. 그 목적에 기여하는 구조가 바로 그 기업에게 '좋은 지배구조'입니다.

각 지배구조 형태의 장단점

모든 구조에는 장점이 있고, 동시에 단점도 있습니다. 마치 약과 같습니다. 특정 질병에는 효과적이지만, 부작용도 따릅니다. 중요한 것은 환자의 상태를 정확히 진단하고, 적절한 처방을 내리는 것입니다. 기업도 마찬가지입니다.

1998년, IMF 구조조정이 한창이던 시절입니다. 저는 삼성물산 회장으로서 엄청난 압박을 받았습니다. 분기마다 실적을 발표해야 했고, 주가는 매일 오르내렸으며, 주주들은 더 많은 배당을 요구했습니다. '주주가치 극대화' 이것이 새로운 경영의 절대 명제였습니다.

장점은 분명했습니다. 목표가 명확했습니다. 'ROE자기자본이익률를 높이고, EPS주당순이익를 개선하고, 주가를 올려라.' 측정 가능하고,

비교 가능하며, 투명했습니다. 투자자들은 기뻐했고, 자본 시장은 호응했습니다. 미국 제너럴 일렉트릭GE의 잭 웰치를 봅시다. '1등 아니면 2등, 그것도 아니면 철수'라는 명확한 원칙으로 주주가치를 극대화했고, 20년간 주가를 30배 이상 올렸습니다.

그러나 단점도 만만치 않았습니다. 단기 성과에 집착하게 되었습니다. 이번 분기 실적이 나빠 보이면, 장기 R&D 투자를 줄였습니다. 5년 후, 10년 후를 내다보는 전략보다 당장 다음 주 주가가 더 중요해졌습니다.

1990년대 초, 이건희 회장이 신경영을 선포하며 반도체에 천문학적 투자를 단행했을 때를 생각해 봅시다. 만약 그때 우리가 주주중심 지배구조였다면, 분기 실적이 나빠질 때마다 주주들이 반대했을 것입니다. "왜 적자 나는 사업에 계속 투자하느냐"라고 따졌을 것입니다. 그러나 그 투자가 오늘날 삼성을 세계 1위 반도체 기업으로 만들었습니다. 미국의 보잉을 봅시다. 한때 세계 최고의 항공기 제조사였습니다. 그러나 2000년대 들어 주주가치 경영에 매몰되면서, 안전보다 비용절감을, 품질보다 납기를 중시하게 되었습니다. 그 결과가 737 MAX 참사였습니다. 주주 중심 지배구조는 단거리 달리기에는 효과적입니다. 그러나 마라톤에는 위험할 수 있습니다.

1980년대, 제가 호텔신라 대표이사이던 시절의 이야기입니다. 호텔은 단순히 주주만을 위한 사업이 아니었습니다. 고객들에게는 최상의 서비스를, 직원들에게는 자부심과 안정을, 협력업체들에게는 공정한 거래를, 지역사회에게는 문화적 기여를 해야 했습니다. 이해관계자 중심 지배구조의 장점은 바로 여기에 있습니다. 신뢰가 쌓입니다. 직원들은 회사를 단순한 일터가 아니라 평생의 동반자로 여깁니다. 고객들은 단골이 되고, 협력사들은 파트너가 됩니다. 그렇게 구축된 신뢰는 위기 때 큰 힘이 됩니다.

그러나 현실은 녹록지 않았습니다. 의사결정이 느려집니다. 주주만 설득하면 되는 것이 아니라, 노조도, 협력사도, 지역사회도 고려해야 합니다. 때로는 모두를 만족시키려다 아무도 만족시키지 못하는 결과가 나옵니다. 한국마사회 회장을 맡았을 때, 저는 이 딜레마를 뼈저리게 경험했습니다.

마사회는 공기업이었습니다. 정부의 정책 방향도 고려해야 했고, 말 산업 종사자들의 이익도 보호해야 했으며, 도박 중독 우려에 대한 사회적 책임도 져야 했습니다. 동시에 경영 효율도 높여야 했습니다. 결과는? 빠른 혁신이 어려웠습니다. 모든 이해관계자를 조율하려다 보니, 결정은 지연되고 책임 소재는 불분명해졌습니다. 이해관계자 중심 지배구조는 장기적으로는 지속 가능성을 높입니다. 그러나 급변하는 시장에서는 대응 속도가 느릴 수 있습니다.

이건희 회장의 신경영을 떠올립니다. 1993년 6월 7일, 독일 프랑크푸르트 켐핀스키 호텔. 회장은 200여 명의 임원 앞에서 선언했습니다. "마누라와 자식 빼고 다 바꿔라." 그 순간의 전율을 지금도 기억합니다. 이것이 바로 집중소유형 지배구조의 힘이었습니다.

장점은 압도적입니다. 빠르고 결정이 신속합니다. 시장이 변하면 즉각 대응합니다. 반도체에 투자할 때, LCD에 진출할 때, 스마트폰으로 전환할 때, 이사회 승인을 기다리고 주주총회를 열고 할 시간이 없었습니다. 회장이 결단하면, 우리는 실행했습니다. 과감합니다. 위험을 무릅씁니다. 1980년대 중반, 삼성이 반도체에 뛰어들 때 많은 전문가가 반대했습니다. "너무 늦었다. 일본을 이길 수 없다." 그러나 회장은 밀어붙였습니다.

삼성 반도체가 세계 1위인 이유입니다. 일관성 있습니다. 장기 전략을 밀고 나갑니다. 대주주가 직접 경영하니, 단기 실적 압박에서 상대적으로 자유롭습니다. 10년, 20년을 내다보는 투자가 가능합니다. 애플의 스티브 잡스, 아마존의 제프 베조스, 테슬라의 일론 머스크. 모두 대주주이자 경영자입니다. 그들의 카리스마와 비전이 기업을 혁신의 아이콘으로 만들었습니다.

그러나 동전의 뒷면은 어둡습니다. 독단이 될 수 있습니다. 견제장치가 약하면, 한 사람의 판단 착오가 기업 전체를 위험에 빠뜨립니다. 이사회가 거수기로 전락하면, 소액주주들의 목소리는 묵살됩니다. 상속과 승계 문제도 있습니다. 창업주가 떠나면? 2세, 3세가 같은 역량을 갖추었는가? 한국 재벌들이 겪는 공통의 고민입니다.

집중소유형 지배구조는 탁월한 리더가 있을 때 최강입니다. 그러나 리더가 잘못 판단하거나, 역량 있는 후계자가 없을 때는 최악이 될 수 있습니다.

제가 이병철 회장과 이건희 회장을 가까이에서 모시며 배운 것 중 하나는 오너경영의 강점입니다. 새벽 1~2시에 걸려오던 이건희 회장의 전화가 이를 말해 줍니다. 전문경영인은 그 시간에 잠을 자지만, 오너는 그 시간에도 회사를 고민합니다. OECD의 연구 결과도 이를 뒷받침합니다. 오너 경영 기업이 소유와 경영이 분리된 기업보다 대체로 장기 성과가 높다는 것입니다.

특히 4차 산업혁명 시대에는 기술 혁신의 속도가 빠르고 과감한 의사결정이 필요합니다. 전 세계적으로 소유와 경영의 분리보다는 오히려 경영권 강화 쪽으로 패러다임이 전환되고 있습니다. 구글, 페이스북, 아마존 같은 선도 기업들은 창업자가 차등의결권으로 기업을 확실하게 장악하고 있습니다. 테슬라의 일론 머스크도 마찬가지입니다.

이는 단기 이익을 추구하는 행동주의 펀드로부터 기업을 보호하고, 장기적 혁신에 집중하기 위함입니다. 넷플릭스의 도전으로 사라진 블록버스터는 헤지펀드와 경영진의 갈등으로 제대로 된 구조조정도 못 하고 몰락했습니다.

미국의 많은 대기업이 분산소유형 모델입니다. 소유와 경영이 분리되어 있고, 전문경영인이 기업을 이끕니다. 장점은 명확합니다. 전문성입니다. 경영은 과학이자 예술입니다. 타고난 리더십도 중요하지만, 학습되고 훈련된 경영 능력도 중요합니다. 전문경영인은 바로 그런 능력을 갖춘 사람들입니다.

투명성입니다. 소유주가 직접 경영하지 않으니, 더 철저한 감독과 공시가 필요합니다. 결과적으로 경영이 투명해집니다. 책임성입니다. 성과가 나쁘면 교체됩니다. 주주들이 "당신은 우리의 돈을 잘 관리하지 못했다"라고 말하면, 물러나야 합니다.

그러나 문제도 적지 않습니다. 대리인 문제입니다. 경영자는 남의 돈을 관리합니다. 자기 돈이 아니니, 때로는 자신의 이익을 우선할 유혹이 생깁니다. 높은 연봉, 호화 사무실, 과도한 복지 등 주주 이익보다 자기 이익을 챙기는 경영자들의 이야기는 끊이지 않습니다. 단기주의입니다. 전문경영인의 임기는 보통 3~5년입니다. 장기 전략보다는 자기 임기 중 성과를 내는 데 집중하게 됩니다. 후임자가 감당할 문제는 뒤로 미룹니다.

한국마사회에서 저는 이 구조의 한계를 봤습니다. 회장은 3년 임기였습니다. 말 산업 육성은 10년, 20년이 걸리는 일인데, 3년 안에 성과를 내라는 것은 결국 단기적 성과에 집중할 수밖에 없었습니다. 분산소유형 지배구조는 안정적이고 투명합니다. 그러나 주인의식 부족과 단기주의라는 함정이 있습니다.

IMF 이후, 한국에서 가장 강조된 것이 이사회 강화였습니다. 사외 이사 제도가 도입되고, 이사회 내 위원회가 만들어졌습니다. 이론적 장점은 훌륭합니다. 견제와 균형입니다. 경영진의 독단을 막습니다. 여러 전문가가 모여 토론하고 결정하니, 더 나은 판단을 할 수 있습니다. 객관성입니다. 사외이사들은 회사와 이해관계가 없으니, 공정하게 판단할 수 있습니다.

그러나 현실은 어떻습니까? 한국의 많은 이사회를 봅시다. 사외이사들이 정말 독립적입니까? 아니면 경영진이 선택한 사람들이 "네, 네" 하며 거수기 역할만 하는 것은 아닙니까? 전문성도 문제입니다. 이사회 멤버들이 그 산업을 정말 이해합니까? 월 1회 2시간 회의로 복잡한 경영 판단을 할 수 있습니까?

책임 소재도 모호합니다. 잘못되면 '이사회에서 결정한 것'이라며 서로 책임을 떠넘깁니다. 전경련 부회장 시절, 많은 기업이 "형식적인 이사회 운영에 시간과 비용만 낭비한다"라고 하소연했습니다. 이사회 중심 지배구조는 제대로 작동하면 최고입니다. 그러나 형식적으로 운영되면 최악의 비효율을 낳습니다.

40여 년 기업 현장에서 경험하며 내린 결론이 있습니다. 만능 해법은 없습니다. 맥락이 답입니다. 업종, 성장 단계, 시장 환경, 기업 문화에 따라 최적의 지배구조는 다릅니다. 중요한 것은 각 구조의 장단점을 정확히 이해하고, 우리 기업의 상황에 맞게 선택하고 조합하는 지혜입니다. 그리고 무엇보다, 지배구조는 수단이지 목적이 아닙니다. 진정한 목적은 기업의 생존과 성장, 경쟁력 강화입니다.

좋은 지배구조란

삼성에 입사한 지 얼마 안 되었을 때, 이병철 회장의 말씀을 들은 적이 있습니다. "기업은 영원히 살아남아야 한다. 그것이 우리의 첫 번째 의무다." 당시에는 그 말의 무게를 몰랐습니다. 그러나 40여 년을 기업 현장에서 보내며, 저는 그 진리를 깨달았습니다. 기업에 있어서 절대적으로 양보할 수 없는 지고지순의 과제는 치열한 경쟁에서 살아남는 것입니다. 그리고 더 나아가 지속적으로 성장·발전하는 것입니다.

이것은 이념의 문제가 아닙니다. 생존의 문제입니다. 살아남지 못하면 주주 가치도, 직원 복지도, 사회 공헌도 모두 무의미합니다. 문을 닫은 기업은 아무에게도 가치를 줄 수 없습니다. 그리고 이 생존과 성장의 핵심은 바로 경쟁력입니다.

1990년대 후반, IMF 구조조정 시기의 일입니다. 정부와 IMF는 한국 기업들에게 온갖 지배구조 개선책을 요구했습니다. 사외이사를 늘려라, 이사회를 강화하라, 감사위원회를 만들어라, 소액주주 권익을 보호하라…. 저는 삼성물산 회장으로서 이 모든 요구를 수용했습니다.

그런데 궁금했습니다. "이것들이 정말 우리 기업의 경쟁력을 높이는가?" 몇 년 후 답이 보였습니다. 형식은 갖췄지만, 실질은 없었습니다. 사외이사들은 월 1회 회의에 참석해서 준비된 안건에 거수를 했습니다. 감사위원회는 회계법인 보고서를 승인했습니다. 소액주주들은 주총에서 몇 마디 하고 돌아갔습니다. 지배구조 자체가 목적이 되어버렸습니다. 본말이 전도된 것입니다.

지배구조는 수단이고 도구입니다. 기업의 생존과 성장에 유용하게 기여할 때 비로소 가치와 존재 의미를 갖습니다. 따라서 지배구조를 그 자체로 떼어 놓고 절대적으로 좋다 나쁘다 평가하는 것은 의미가 없습니다. 기업의 생존과 성장에 긍정적으로 작용하는가, 경쟁력을 강화하는가의 관점에서 평가되어야 합니다.

간단히 말하자면 이렇습니다. 경쟁력을 높이는 데 기여하는 지배구조는 좋은 지배구조이고, 경쟁력을 약화시키는 지배구조는 나쁜 지배구조입니다.

삼성과 현대는 다릅니다. 업종이 다릅니다. 역사가 다릅니다. 기업

문화가 다릅니다. 구성원들의 사고방식이 다릅니다. 그런데 왜 똑같은 지배구조를 가져야 한다고 말할 수 있겠습니까? 더 구체적으로 들어가 봅시다. 조립 산업인 삼성전자와 건설 산업인 현대건설을 비교해 봅시다.

삼성전자는 반도체와 스마트폰을 만듭니다. 글로벌 경쟁 환경이 치열합니다. 기술 변화가 빠릅니다. 6개월 후 시장이 어떻게 변할지 예측하기 어렵습니다. 이런 환경에서는 빠른 의사결정, 과감한 투자, 장기적 R&D가 생명입니다. 현대건설은 건물과 플랜트를 짓습니다. 한 프로젝트가 몇 년씩 걸립니다. 안전이 최우선입니다. 현장 관리가 핵심입니다. 협력사, 노조, 지역사회와의 관계가 중요합니다. 이 둘이 같은 지배구조를 가져야 할 이유가 무엇입니까?

같은 삼성전자라 하더라도, 창업 초기와 지금은 완전히 다릅니다. 1970년대 초, 삼성이 전자 산업에 뛰어들 때를 생각해 봅시다. 당시 한국은 기술도, 자본도, 인력도 부족했습니다. 선진국과의 기술 격차는 20년 이상이었습니다. 소니, 마쓰시타 같은 일본 기업들이 시장을 지배하고 있었습니다.

그때 필요했던 것은 무엇이었습니까? 빠른 결단, 과감한 투자, 일관된 추진이었습니다. 이사회에서 토론하고, 주주들을 설득하고, 사외이사들의 승인을 받을 시간이 없었습니다. 이병철 회장의 결단이 있었고, 우리는 그것을 믿고 따랐습니다. 만약 그때 분산소유형 지배구조였다면? 이사회 중심형이었다면? "너무 위험하다", "확실한 수익 모델이 보이지 않는다", "일본을 따라잡기 어렵다"라는 반대에 부딪혔을 것입니다.

창업 초기나 시장 진입 초기에는 기존 시장 지배자와의 경쟁에서 빠르게 시장 점유율을 확보하는 것이 기업의 생존을 좌우합니다. 이 시기에는 과감하고 도전적인 투자가 필수적이므로, 창업자나 대주주 중심의 집중소유형 지배구조가 더 합리적일 수 있습니다.

그러나 지금의 삼성전자는 다릅니다. 업계 선두주자입니다. 안정적인 시장 지위를 확보했습니다. 자본력과 기술력, 인재 면에서 우위를 가진 기득권자가 되었습니다. 이제는 어떤 구조가 필요합니까? 더 많은 견제와 균형이 필요합니다. 독단을 막아야 합니다. 다양한 관점을 수렴해야 합니다. 이사회 중심형이나 주주 중심형 지배구조가 더 요구될 수 있습니다.

"대주주 경영은 낡은 것이고, 분산소유·전문경영인 체제가 선진적이다"라는 고정관념이 있습니다. 정말 그렇습니까? 미국의 디지털 경제를 이끄는 FAANG을 봅시다. 페이스북메타, 애플, 아마존, 넷플릭스, 구글알파벳. 애플만 빼고 모두 대주주 경영 체제입니다. 마크 저커버그는 메타의 대주주이자 CEO입니다. 제프 베조스는 오랫동안 아마존을 이끌었습니다. 래리 페이지와 세르게이 브린은 구글의 창업자이자 대주주입니다.

그들이 낡은 지배구조 때문에 혁신을 못합니까? 오히려 세계를 바꾸고 있지 않습니까? 전 세계적으로도 가족경영 또는 대주주 경영이 훨씬 더 보편적입니다. 실제로 통계 연구들을 보면, 미국·영국·프랑스의 가족경영 기업이 비가족경영 기업보다 매출액이나 이익 증가에서 평균적으로 더 좋은 성과를 내고 있다는 결과들이 있습니다. 왜 그렇습니까? 장기적 관점입니다.

자기 기업이니 10년, 20년 후를 생각합니다. 주인의식입니다. 남의 돈이 아니라 자기 돈이니 더 신중하면서도 더 과감합니다. 신장섭 교수의 말처럼, "좋은 경영 성과를 내는 지배구조가 좋은 기업지배구조"입니다.

주식회사제도에서 기업 자산은 법인이 소유합니다. 창업자들은 법인이 발행한 주식을 가지고 있을 뿐입니다. 주주는 주식의 주인일 뿐, 기업의 주인은 기업 자신입니다. 따라서 경영자는 법인과 계약을 맺은 '경영 수탁자'로서 기업의 장기 성장이라는 과제를 가장 중요하게 수행해야 합니다. 그 다음에야 주주 가치나 다른 사회적 가치를 어느 정도 추구할지 자유롭게 결정할 수 있습니다.

이건희 회장의 신경영을 추진할 때, 우리가 최우선으로 생각한 것도 바로 이것이었습니다. "삼성이라는 기업을 100년, 200년 지속시키는 것." 주가를 올리는 것이 아니었습니다.

한국은 선진국이 아니었습니다. 지금도 완전한 선진국인지는 논란이 있습니다. 1960년대, 우리는 세계 최빈국 중 하나였습니다. 1인당 국민소득 100달러도 안 되었습니다. 기술도, 자본도, 경험도 없었습니다. 그런 우리가 어떻게 '한강의 기적'을 이뤘습니까? 후발 주자 전략이었습니다. 빠르게 따라잡기. 대규모 투자. 시장 선점. 수직계열화. 그룹 경영. 이것이 가능했던 것은 집중소유형 지배구조 덕분이었습니다.

만약 우리 기업들이 분산소유형이었다면? 이사회가 "너무 위험하다"고 반대했을 것입니다. 주주들이 "배당을 달라"고 요구했을 것입니다. 그러나 이병철, 정주영, 구인회 같은 창업주들은 밀어붙였습니다. 그리고 성공했습니다. 물론 부작용도 있었습니다. 재벌 문제, 소유 집중, 경제력 집중… 이것들은 해결해야 할 과제입니다.

그러나 그렇다고 해서 집중소유형 지배구조 자체가 나쁜 것은 아닙니다. 맥락이 중요합니다. 후발 주자 단계에서는 집중소유형이 효과적이었습니다. 이제 선진국 대열에 들어서면서, 점차 분산형으로 이행할 수도 있습니다. 중요한 것은 우리의 현실과 목표에 맞는 구조를 선택하는 것입니다.

다시 처음 질문으로 돌아갑시다. "무엇이 좋은 지배구조인가?" 저의 답은 명확합니다. "기업의 경쟁력을 제고시켜 성장 발전을 유용하게 뒷받침하는 지배구조가 좋은 지배구조입니다. 그렇지 않은 것은 그 기업에 맞지 않는 비합리적인 지배구조입니다." 기업마다 업종, 시장 내 위치, 국가의 발전 정도에 따라 경쟁력의 양상이 다릅니다. 경영 전략과 투자 우선순위도 다릅니다. 따라서 지배구조 또한 그 기업에 맞게 만들어져야 합니다.

선진 기업과 후발 기업, 제조업과 서비스업, 창업 초기와 성장기를 구분하지 않고 동일한 지배구조를 강요하는 것은 타당하지 않습니다. 정답은 하나가 아닙니다. 맥락이 답입니다. 이것이 제가 40여 년 기업 현장에서, 성공과 실패를 거듭하며 얻은 결론입니다. 지배구조는 수단이지 목적이 아닙니다. 진정한 목적은 기업의 생존과 성장, 그리고 경쟁력입니다.

제4장

규제개혁

규제는 스스로 사라지지 않는다

규제의 본질

규제를 이야기하면 모두가 고개를 끄덕입니다. "규제 때문에 기업 하기 어렵다", "혁신을 가로막는 규제를 없애야 한다"라는 말은 이제 상투어가 되었습니다. 역대 정부마다 규제개혁을 외쳤고, 규제개혁 위원회가 만들어졌다 사라지기를 반복했습니다. 그런데도 기업 현 장에서는 여전히 규제가 늘어난다고 아우성입니다. 왜 그럴까요.

답은 간단합니다. 규제는 단순한 정책 수단이 아니기 때문입니다. 규제는 하나의 '먹이사슬'입니다. 규제 하나하나에는 공공 조직의 이해관계, 권한, 그리고 존속 논리가 복잡하게 얽혀 있습니다. 한 번 탄생한 규제는 스스로를 정당화하며 새로운 규제를 낳고, 이를 관리 하기 위한 조직과 인력을 끊임없이 흡수하며 확장됩니다. 결국 규제는 정책적 목적을 넘어, 해당 조직의 존재 근거 그 자체가 됩니다.

제주 신라호텔을 지을 때의 일입니다. 우리는 미국 캘리포니아의 '스페니쉬 베이' 호텔에서 영감을 얻었습니다. 푸른 태평양을 배경으로 한 붉은 스페인식 기와지붕의 지중해풍 건축이었습니다. 제주의 아름다운 자연과 완벽하게 어울리는 디자인이었습니다. 전 세계 호텔을 돌아다니며 찾아낸 최고의 콘셉트였고, 막대한 비용을 투자한 설계였습니다. 그런데 건축 허가를 받으러 갔을 때, 중문관광단지 관리사무소장의 한마디에 모든 것이 멈춰 섰습니다.

"다 좋은데 이 색깔은 안 돼. 청기와로 해. 중문골프장과 색깔을 맞춰야 보기 좋잖아"라는 것이었습니다. 스페인풍 건축 컨셉을 아무리 설명해도 소용없었습니다. 군 출신인 그 소장은 마치 군대식 깔맞춤이 미학의 전부인 양, 모든 건물을 녹색으로 통일해야 직성이 풀리는 사람이었습니다. 민간 기업을 마치 부패한 적으로 보는 듯했고, 자신의 권한을 과시하는 것에서 쾌감을 느끼는 듯했습니다.

수천억 원이 들어가는 사업이 한 공무원의 편협한 미적 감각에 농락당했습니다. 서울 중앙부처국장을 거쳐 장관 보고까지 올라가고 나서야 겨우 허가를 받았지만, 1년이 넘는 시간이 허비되었습니다. 그것이 끝이 아니었습니다. 해수욕장으로 내려가는 계단 하나를 만드는 데 또 1년이 걸렸고, 완공 후에는 준공검사가 나오지 않았습니다. 경사면을 이용해 설계한 지하층이 '7층 건물'로 문제가 되었다는 것이었습니다.

결국 아름다운 바다 풍경을 가로막는 흙담을 쌓고 나서야 검사를 통과했습니다. 그때 깨달았습니다. '이것이 한국의 현실이구나. 수천억 원의 투자와 수백 명의 일자리가 걸린 프로젝트가, 한 공무원의 자의적 판단에 좌우되는 나라. 이런 병폐를 고치지 않으면 우리나라는 더 발전할 수 없다'는 것을 말입니다.

제주 신라호텔 경험은 특수한 사례가 아닙니다. 이것이 규제의 본질입니다. 규제개혁이 늘 구호에 그치는 이유는 그것이 구조적으로 '자기파괴'를 전제로 하기 때문입니다. 규제를 철폐한다는 것은 그 규제에 의존해 온 조직의 권한을 박탈하고, 예산과 인력을 축소하는 고통스러운 과정입니다. 공무원에게 규제는 자신의 존재를 증명하고 권한을 행사할 수 있는 유일한 무기입니다. 규제가 없으면 그 부서의 존재 이유가 사라집니다.

따라서 규제를 생산해 온 조직에 자율적인 개혁을 맡기는 것은 모순입니다. 이해당사자에게 스스로의 밥그릇을 깨라고 요구하는 개혁은 성공할 수 없습니다. 이 '먹이사슬'과 '자기파괴'의 구조를 이해해야만 규제개혁의 실마리가 보입니다.

1990년 7월, 붉은 기와지붕의 제주 신라호텔이 마침내 문을 열었습니다. 첫 VIP로 당시 소련공산당 서기장 고르바초프 부부가 방문했는데 지금까지 본 호텔 중 정말 멋진 호텔이라고 극찬했으며, 지금도 그 호텔은 제주의 명소로 사랑받고 있습니다. 하지만 그 아름다운 건물 뒤에는 3년간 규제와의 전쟁이 있었습니다.

규제개혁은 타율적이어야 합니다

역대 정부치고 규제개혁을 외치지 않은 정부는 없었습니다. 김영삼 정부의 '세계화', 김대중 정부의 'IT 규제 혁파', 노무현 정부의 '동반성장', 이명박 정부의 '747 공약', 박근혜 정부의 '창조경제', 문재인 정부의 '혁신성장'. 모두가 규제개혁을 최우선 과제로 내세웠습니다.

그런데 왜 30년이 지난 지금도 기업 현장에서는 "규제 때문에 못하겠다"는 아우성이 끊이지 않을까요. 심지어 규제는 계속 늘어나고 있습니다. 답은 명확합니다. 규제를 만들고 관리하는 사람들에게 스스로 규제를 없애라고 하기 때문입니다.

1997년 IMF 외환위기 직후, 정부는 대대적인 규제개혁을 추진했습니다. 각 부처가 제출한 '폐지 가능한 규제 목록'을 보고 허탈했던 기억이 생생합니다. 대부분 이미 사문화된 규제들이었습니다. '말馬 운송에 관한 규정', '전신 전화 이용 허가제' 같은, 현실에서 아무도 적용받지 않는 좀비 규제들이었습니다. 정작 기업들이 가장 고통받는 핵심 규제들, 즉 인허가 기준, 진입 장벽, 영업 제한은 단 하나도 목록에 없었습니다.

왜 그랬을까요. 그런 규제들을 없애면 해당 부서의 권한과 인력이 줄어들기 때문입니다. 이것이 자율적 규제개혁의 한계입니다. 여우에게 닭장을 맡긴 격입니다.

1980년대 영국의 마거릿 대처 총리는 '유럽의 병자'였던 영국을 되살렸습니다. 대처 총리는 'Enterprise Unit'이라는 독립 기구를 만들었습니다. 구성원 대다수를 민간 기업인으로 채웠고, 그들에게 규제 폐지 권한을 주었습니다. 5년 만에 7,000개가 넘는 불필요한 규제가 사라졌습니다.

또한 공무원 조직을 대대적으로 슬림화했습니다. 1979년 73만 명이었던 공무원을 1990년 56만 명으로 23% 감축했습니다. 불필요한 부서를 없애고, 공기업을 민영화했습니다. 엄청난 저항이 있었습니다. 공무원 노조가 파업했고, 야당이 반대했으며, 언론이 비난했습니다. 대처는 '철의 여인'이라는 별명까지 얻었습니다. 하지만 그녀는 굴하지 않았습니다. 그리고 10년 뒤, 영국 경제는 되살아났습니다.

제가 제안하는 방식은 이렇습니다. 정부 부처가 아닌, 국회나 대통령 직속의 완전히 독립된 위원회를 만들어야 합니다. 구성원의 과반은 규제의 직접적 피해자인 기업인, 창업자, 현장 전문가들로 채우고, 규제 폐지 대상과 내용을 결정할 전권을 부여해야 합니다. 법률 및 시행령 개정 제안권을 갖게 하고, 부처의 거부권을 인정하지 않아야 합니다. 최종 결정은 대통령 또는 국회가 하되, 부처는 의견 제시만 가능하도록 해야 합니다.

규제개혁은 '설득'의 문제가 아니라 '권력'의 문제입니다. 아무리 논리적으로 설명해도, 아무리 데이터로 증명해도, 자신의 권한을 자발적으로 포기하는 조직은 없습니다. 외부의 강력한 압력, 타율적인 힘이 필요합니다.

개혁의 기본 방향

한국의 규제는 대부분 포지티브Positive 방식입니다. '이것을 할 수 있다'고 법에 명시된 것만 허용되는 방식입니다. 법에 없으면 할 수 없습니다. 허가를 받아야 합니다. 반대로 네거티브Negative 방식은 '이것만 하지 마라'고 금지 사항만 명시합니다. 법에 없으면 자유롭게 할 수 있습니다.

2019년 '타다' 사건을 보십시오. 혁신적 차량 공유 서비스가 '여객자동차운수사업법에 없는 사업'이라는 이유로 불법 판정을 받았습니다. 같은 시기, 미국에서는 우버Uber가 수십조 원 기업으로 성장했습니다. 네거티브 시스템이기 때문입니다. "법에 금지되지 않았으니 일단 해보자." 문제가 생기면 그때 최소한의 규제를 만듭니다.

원격의료도 마찬가지입니다. 2000년대 초반부터 논의되었지만 20년이 지난 지금도 제대로 시행되지 못하고 있습니다. 의료법에 '원격의료를 할 수 있다'는 조항이 명확하지 않기 때문입니다. 반면 중국의 '핑안굿닥터'는 3억 명 이상의 사용자를 확보했습니다. 금지하지 않았기 때문입니다.

이것이 4차 산업혁명 시대에 살아남는 유일한 길입니다. 안전, 보건, 환경 등 진짜 중요한 것만 금지하고, 나머지는 자유롭게 시도하게 해야 합니다.

피터팬 증후군

2024년 대한상공회의소 조사 결과입니다. 중소기업 1만 개 중 단 4개만 중견기업으로 성장합니다. 중견기업 100개 중 1~2개만 대기업이 됩니다. 0.04%의 성장률, 1.4%의 대기업 진입률. 이것이 정상입니까.

더 놀라운 사실이 있습니다. 최근 10년 동안 중소기업을 졸업한 중견기업 300곳 중 31%가 "다시 중소기업으로 돌아갈까" 고민하고 있었습니다. 실제로 최근 5년간 271개 기업이 중소기업으로 회귀했습니다. 성장했다가 다시 작아지는 기업. 이것이 피터팬 증후군입니다.

왜 성장을 포기할까요. 성장하는 순간 엄청난 규제의 벽에 부딪히기 때문입니다. 중소기업이 중견기업이 되는 순간, 갑자기 94개의 새로운 규제가 적용됩니다. 중견기업이 대기업이 되면 무려 329개가 추가됩니다. 자산 11조 6000억 원 이상인 대기업에는 총 343개의 규제가 적용됩니다.

최태원 대한상의 회장이 2025년 기업성장포럼에서 343개 규제 목록을 빼곡히 적은 대형 패널 3장을 들고 나왔습니다. 청중들은 말문이 막혔습니다.

제가 삼성물산 회장으로 일할 때, 한 중견기업 회장을 만난 적이 있습니다. 자산 1조 9000억 원 규모의 훌륭한 회사였습니다. 저는 축하의 말을 건넸습니다. "회장님, 곧 2조 원 넘으시겠네요." 그런데 그분의 대답이 충격적이었습니다.

"현 회장님, 저는 절대 2조 원 안 넘길 겁니다. 그 순간 상법상 대규모 기업이 되어서 사외이사 의무, 감사위원회 설치, 집중투표제 등 수십 가지 규제가 쏟아집니다. 매출을 줄여서라도 2조 원 밑에 묶어놓을 겁니다."

성공한 기업가가 매출을 '줄이려고' 고민하는 나라, 이것은 개별 기업의 문제가 아닙니다. 시스템의 문제입니다. 미국 기업 중 대기업 비율은 2011년 0.56%에서 2021년 0.88%로 57% 증가했습니다. 한국은 0.015%에서 0.014%로 오히려 줄었습니다. 미국 기업들은 성장하는데, 한국 기업들은 성장을 멈췄습니다.

규제와 조직 규모의 상관관계

제가 감사원 공무원으로 일하던 1960년대 말의 일입니다. 어느 날 선배 공무원이 이런 말을 했습니다. "내년에 우리 과에 인원 두 명 더 늘어난대. 그럼 우리가 할 일을 만들어야 해." 처음에는 이해가 안 됐습니다. 일이 있어서 사람을 뽑는 것 아닙니까. 그런데 선배의 말은 정반대였습니다. 사람이 늘어나니 일을 만들어야 한다는 것이었습니다. 그때 깨달았습니다. 이것이 공공 조직의 본질이구나.

1955년, 영국의 역사학자 시릴 노스코트 파킨슨은 놀라운 발견을 발표했습니다. 영국 해군성의 인력과 업무량을 분석한 결과였습니다. 1914년에서 1928년 사이, 함정은 67% 감소했는데 인력은 78% 증가했습니다. 관리할 일이 줄었는데 공무원은 늘어난 것입니다.

　A공무원이 B공무원을 채용합니다. B는 존재 이유를 증명하기 위해 새로운 보고서를 만듭니다. 그 보고서를 검토하기 위해 C가 필요합니다. C는 또 다른 양식을 만들고, 그것을 관리하기 위해 D가 필요합니다. 조직은 일이 없어도 스스로 팽창합니다.

　모든 공무원이 문제라는 것이 아닙니다. 공공 조직 중에서도 국민에게 직접 봉사하는 '전방 서비스 부서'는 오히려 인력이 부족합니다. 전방 서비스 부서는 국민이 직접 체감하는 서비스를 제공합니다. 경찰은 범죄 예방과 수사를, 소방은 화재 진압과 인명 구조를, 복지 부서는 노약자 돌봄을, 의료 부서는 공공병원과 보건소를 담당합니다. 일이 명확하고, 성과가 눈에 보입니다. 이런 곳은 오히려 인력을 늘려야 합니다.

　문제는 '후방 관리 부서'입니다. 중앙부처의 기획·조정·감독 부서, 각종 위원회와 심의기구, 공공기관의 관리·통제 조직, 각종 인허가 심사 부서가 여기에 해당합니다. 이런 곳은 국민에게 직접 서비스하지 않습니다. 대신 다른 조직을 '관리'하고 '감독'합니다. 그리고 그 과정에서 규제를 만듭니다. 후방 조직이 비대해질수록 규제는 증식합니다. 앞서 말씀드린 '먹이사슬'이 여기서 작동하는 것입니다.

인력 확대는 신중해야 합니다

청년 실업률이 10%에 육박합니다. 이 문제를 해결하겠다며 정치권에서 나오는 단골 해법이 있습니다. "공무원과 공공기관 인력을 늘리겠습니다." 듣기 좋은 공약입니다. 당장 일자리가 생기니까요. 하지만 과연 이것이 진짜 해법일까요. 공무원을 늘리는 것 자체가 나쁜 것은 아닙니다. 진짜 문제는 '어디로 가느냐'입니다.

앞서 다룬 전방/후방 구분을 다시 떠올려 보십시오. 경찰, 소방, 복지, 의료, 교육 같은 전방 서비스 부서는 과감하게 늘려야 합니다. 늘어난 인력이 국민의 안전과 복지에 직접 기여합니다. 그러나 중앙부처 기획·조정·감독 조직, 각종 위원회와 심의기구, 공공기관 관리·통제 부서는 늘리지 말아야 합니다. 늘어난 인력은 앞서 살펴본 대로 규제를 만듭니다. 청년 일자리를 만든다며 후방 관리 조직을 늘리는 것은, 청년들에게 규제 생산자가 되라고 하는 것과 같습니다.

제가 가장 답답할 때가 정부가 '규제를 줄이겠다'고 선언하는 동시에 '공무원을 늘리겠다'고 발표할 때입니다. 이것은 명백한 모순입니다. 다이어트를 하겠다면서 매일 야식을 먹는 것과 같습니다. 규제를 줄이려면 규제를 만드는 사람과 조직을 줄여야 합니다. 반대로 사람과 조직을 늘리면 규제는 반드시 늘어납니다. 이것은 이념의 문제가 아닙니다. 조직의 본능입니다.

청년 실업을 해결하는 진짜 방법은 공무원 자리를 늘리는 것이 아닙니다. 민간 기업이 일자리를 만들기 좋은 환경을 조성하는 것입니다. 규제를 풀어 기업이 투자하기 쉽게 만들고, 노동 시장을 유연하게 만들어 채용 부담을 줄이며, 창업을 쉽게 만들고 실패해도 재도전할 수 있게 해야 합니다.

1960~1970년대 '한강의 기적'을 어떻게 만들었습니까. 정부가 공무원을 대량으로 뽑아서가 아닙니다. 민간 기업이 투자하고 수출할 수 있도록 지원했습니다. 그 결과 현대, 삼성, LG, 포스코 같은 기업들이 수십만, 수백만 개의 일자리를 만들었습니다.

정부의 역할은 일자리를 직접 만드는 것이 아니라, 민간이 일자리를 만들 수 있는 환경을 조성하는 것입니다.

규제개혁은 구조개혁입니다

지금까지 우리는 규제가 왜 줄어들지 않는지, 어떻게 개혁해야 하는지를 살펴봤습니다. 이제 마지막 질문이 남았습니다. 규제개혁은 과연 무엇인가. 많은 사람들이 착각합니다. 규제개혁이 법 몇 조항을 고치고, 서류 몇 장을 줄이는 기술적 조정이라고 생각합니다. 하지만 그것은 표면일 뿐입니다. 규제개혁의 본질은 구조개혁입니다. 정치·행정 시스템의 근본적 재편입니다.

제가 삼성에서 40년을 일하며 배운 가장 중요한 교훈 중 하나는 이것입니다. 조직의 크기가 일의 양을 결정한다는 것입니다. 삼성에서는 정기적으로 조직을 재편합니다. 불필요한 부서를 통폐합하고, 중복된 기능을 제거하며, 인력을 재배치합니다. 조직이 비대해지면 일이 늘어나고, 효율이 떨어지며, 의사결정이 느려지기 때문입니다. 공공 부문도 마찬가지입니다. 아니, 더 심합니다. 민간 기업은 시장의 압력이 있어서 조직을 효율화하지 않으면 망하지만 공공 부문은 그런 압력이 없습니다. 그래서 계속 비대해집니다.

규제개혁의 가장 확실한 방법은 규제를 생산하고 관리하는 조직과 인력을 과감하게 줄이는 것입니다. 모든 공공 조직을 줄이자는 것이 아닙니다. 줄여야 할 곳, 즉 군살은 중앙부처의 기획·조정·감독 부서, 각종 위원회와 심의기구, 공공기관의 관리·통제 조직입니다. 이들은 국민에게 직접 서비스하지 않고 규제를 생산합니다.

반면 키워야 할 곳, 즉 근육은 경찰, 소방, 구급, 복지, 의료, 교육, 국민 민원 대응 부서입니다. 이들은 국민의 안전과 복지에 직접 기여합니다. 구조개혁은 조직의 군살을 덜어내고 근육을 키우는 것입니다.

구조개혁은 고통스럽습니다. 부서가 없어지고, 권한이 줄어들며, 예산이 감소하고, 인력이 이동하거나 감축됩니다. 조직의 입장에서는 '자기파괴'입니다. 제주 신라호텔 사건에서 말씀드렸듯, 누가 자발적으로 이런 고통을 감수하겠습니까. 아무도 하지 않습니다.

그래서 앞서 강조한 대로 규제개혁은 반드시 타율적이어야 합니다. 대통령이 결심해야 하고, 국회가 법을 만들어야 하며, 국민이 압력을 넣어야 합니다. 자기파괴의 고통을 감수하지 않는 개혁은 진짜 개혁이 아닙니다.

경영의
알파와
오메가

●

기성세대, 우리들의 책무

1. 한강의 기적이 아닌 '필연'의 이야기

고등학교를 졸업한 지 벌써 65년이 넘었습니다. 엊그제 같은데 졸업 65주년이라니, 참 세월이 빠릅니다. 이제 우리는 80을 넘어선 노인들입니다. 대학 시절 이화동 자유의 종 앞에서 어렵고 고달픈 삶을 이어가면서도 시국을 이야기하며 국가의 앞날을 걱정하던 때가 몇 년 전 같습니다.

80년 넘는 인생을 살면서 우리는 과연 무엇을 했을까요. 그리고 우리는 어떤 존재일까요. 열심히 공부해서 서울법대에 입학했고, 졸업 후 사법시험이나 행정시험에 합격하여 판검사를 거쳐 변호사가 되거나 공무원, 기업체, 은행 등에서 직장 생활을 했습니다. 우리 모두 나름대로 열심히 살아왔고, 치열하게 노력하고 고민하며 앞길을 개척해 왔습니다.

1950년대 전후 폐허의 시대를 돌아보면, 6·25 전쟁이 휩쓸고 지나간 대한민국은 말 그대로 폐허였습니다. 1인당 국민소득 67달러, 세계 최빈국 중 하나였습니다. 미국의 원조 물자로 연명하던 시절,

우리는 은혜의 동전 한 닢이라도 모아 나라를 재건하겠다는 각오로 살았습니다. 그러나 우리는 포기하지 않았습니다.

1960~1970년대 산업화의 기적을 일궈냈고, 1980~1990년대 민주화를 성취했습니다. 단 50년이라는 짧은 기간 내에 산업화와 민주화를 동시에 이룩한 나라, 원조받던 나라에서 원조하는 나라로 변신한 지구상 유일한 나라, 쓰레기통에서도 민주주의와 자본주의, 시장경제라는 장미꽃을 피울 수 있다는 것을 증명한 나라가 바로 대한민국입니다.

세상 사람들은 이를 '한강의 기적'이라 부릅니다. 하지만 저는 여기에 이의가 있습니다. '기적'이라는 표현에 동의할 수 없습니다. 우리는 정말 열심히 노력하고 고민하고 연구했습니다. 24시간이 모자랄 정도로 '우리도 잘살 수 있다'는 확신을 갖고서 '잘살아 보세'라고 자기 최면을 걸며, 세계 어떤 나라 사람보다도 더 일하고, 노력하고, 고민했습니다. 이 세상에 공짜는 없습니다. 한강의 '기적'이 아니라 '필연'입니다. 우리는 바로 이런 필연을 만들어낸 주역입니다.

2. 채워지지 않는 공허함

그런데 요즘 마음 한구석이 뭔가 부족하고 채워지지 않는 공허함을 느끼지 않으십니까. 단순한 나이 탓만이 아닌, 뭔가 우리 모두를 위해 해야 할 일이 있는 게 아닌가 하는 생각이 듭니다. 그런데도 이렇게 '세월아 가거라' 하며 하루하루 허송세월하는 건 아닌가 하는, 뭔가 빈 듯한 마음 말입니다.

'인생은 70부터'라는 말이 있습니다. 이제 우리도 제2의 인생을 살아야 합니다. 과거의 영광, 과거의 성공에 자축하며 앞으로의 인생 5년, 10년을 그냥 그럭저럭 살기에는 너무나 긴 여정이 아닐까요.

고등학교 은사이자 시인이신 조병화 선생님을 모시고 저녁을 함께한 날이 있었습니다. 그때 선생님께서 이렇게 말씀하셨습니다. "현명관이 이 세상에 태어나서 살고 갔다는 흔적을 남겨야 할 게 아닌가. 후손, 무덤, 비석 같은 것 말고 말이야"라고 하셨습니다.

저는 곰곰이 생각해 봤습니다. 내가 죽고 10년, 20년, 30년 지난 후 나를 기억하는 사람이 단 한 사람이라도 이 세상에 있을까요. 글쎄, 손자, 손녀 세대까지는 모르지만 그 이후는 나는, 우리는, 완전한 망각의 존재일 게 분명합니다. 문제는 기억해 주느냐 안 하느냐가 중요한 게 아닙니다. 태어나서 80년 이상 이 세상에서 나름대로 열심히 살아왔는데, 이건 너무 허무하고 억울하지 않느냐 하는 것입니다.

3. 우리의 책무와 사명

공생, 상생이란 이야기가 가끔 나옵니다. 다 같이 잘살아 보자는 정신입니다. 우리는 20년 또는 30년 이상 사회, 산업 현장, 학계에서 고생하며 참 귀중한 경험과 지식을 쌓아왔습니다. 이것은 저 개인의 것도 아니고, 또 여러분 개인의 것도 아닙니다.

학교 다닐 때는 부모님이 얼마나 많은 유·무형의 투자를 했습니까. 사회에 나와서는 회사, 사회, 국가에서 얼마나 많은 투자를 받았습니까. 우리는 이렇게 많은 투자를 받은 비싼 존재입니다. 그 투자의 결과는 우리 머릿속에 있습니다. 지식과 경험과 네트워크라는 형태로 말입니다. 그렇기 때문에 우리는 이것을 사회에 환원해야 하고, 좀 더 구체적으로 말하면 우리 젊은이에게 물려줘야 합니다.

개인적인 경험을 말씀드리면, 저는 15살, 중학교 3학년 때 난생처음 교과서에서만 보던 기차를 타고 상경했습니다. 하숙, 자취, 가정교사 등을 하며 고등학교와 대학교를 졸업했고, 사법시험을 몇 번 떨어진 다음 행정시험에 합격하여 3급 공무원 생활을 시작했습니다.

1973년, 10여 년의 공무원 생활에 종지부를 찍고 3년간의 일본 유학 생활을 했습니다. 1978년부터 약 30년간 삼성맨으로 살았고, 2번에 걸친 선거 출마와 낙선, 그리고 3년간의 공기업 CEO까지 남 못지않게 이런저런 경험을 많이 했습니다. 이러한 경험들은 모두 사회의 투자 결과입니다. 이제 이것을 돌려줄 때입니다.

4. 차세대를 위한 도약

1997년 IMF 외환위기 이후, 오늘날까지 약 25년 동안 우리 경제는 세계 평균 성장률에도 못 미치는 저성장 늪에서 빠져나오지 못하고 있습니다. IMF 위기는 단순한 경제 위기가 아니었습니다. 그것은 우리 경제 시스템 전체에 대한 재고였고, 우리가 걸어온 길에 대한 근본적인 질문이었습니다. 기업들이 무너지고, 가장들이 거리로 내몰리던 그 암울했던 시절을 우리는 기억합니다. 우리 한국 경제는 또 한 번 점프해야 합니다. 우리 아들, 딸들을 위해서 말입니다.

도약해야 합니다. 그러려면 도전해야 합니다. 도전 없이 도약은 없기 때문입니다. 그러기 위해서는 한국적 경영 모델이 무엇인기 고민해야 합니다. 글로벌 스탠더드만으로는 안 되기 때문입니다. 글로벌 스탠더드는 글로벌 경쟁력의 필요조건일 뿐 충분조건은 아닙니다.

경쟁력의 원천은 사람입니다. 우리 차세대 젊은이들을 인성이 바르고, 리더십이 있고, 국가관이 뚜렷한 그런 젊은이로 키울 책무가 우리 기성세대들에게 있습니다. 애플 창업자 스티브 잡스는 혁신이

란 리더가 연구 개발 비용을 얼마나 쓰느냐와는 관계가 없으며, 중요한 것은 돈이 아니라 당신이 가진 사람들, 그리고 당신이 이끄는 방식, 당신이 얻는 것이라고 말했습니다.

젊은 세대에게 필요한 것은 단순한 기술이나 지식이 아닙니다. 그들에게는 실패를 두려워하지 않는 용기, 어려움 속에서도 포기하지 않는 끈기, 그리고 더 나은 미래를 향한 비전이 필요합니다. 이것은 교과서에서 배울 수 없습니다. 우리 세대가 직접 겪고 배운 경험을 통해서만 전달될 수 있습니다.

5. 작은 물결이 큰 조류로

조그마한 출발이라도 해야 합니다. 조그마한 물결이 단초가 되어 큰 물결을 이루고, 이것이 우리 사회의 조류가 되어 도도히 흐를 때 우리에게도 희망이 있지 않겠습니까. 우리가 평생 축적한 지식과 경험을 젊은 세대에게 투자하는 것, 그것이 바로 우리가 받을 수 있는 최고의 이자입니다. 그것은 단순히 개인의 만족을 넘어, 우리 사회 전체의 미래를 밝히는 일입니다.

이제 시작할 때입니다. 우리는 80을 넘었지만, 우리 안에는 여전히 50년 전 이화동 자유의 종 앞에서 국가의 앞날을 걱정하던 그 젊은이가 살아 있습니다. 그 열정과 패기로, 이제는 우리 후배들을 위해 무언가를 해야 할 때입니다. 한 사람의 작은 움직임이 열 사람을 움직이고, 열 사람이 백 사람을 움직일 때, 우리는 또 한 번의 필연을 만들어낼 수 있습니다. 한강의 기적을 필연으로 만든 우리가, 이제는 차세대의 도약을 필연으로 만들어야 합니다.

6. 도전하는 청년에게

우리 세대는 꿈을 위해 목숨도 걸 줄 아는 세대였습니다. 내가 그랬고 나의 동료와 후배들이 그랬습니다. 세상의 성공을 위해 노력하는 것은 의미 있는 일입니다. 그렇게 살아 볼 필요가 있습니다. 세대가 아무리 지나도 이런 가치에 공감하고 도전하는 청년은 반드시 있다고 믿습니다. 그들에게 나의 부족한 경험을 바칩니다. 부디 더 지혜롭게 난관을 헤쳐 나아가 꿈을 이루기 바랍니다.

그 끝에 모욕과 누명이 있다 하더라도 두려워하지 말고 도전하기 바랍니다. 그 일은 매우 가치 있는 일이라고 말씀드리고 싶습니다. 고난과 절망이 손잡고 걸어와도, 전력을 다해 도전해 본 사람은 그것들을 다른 느낌으로 맞이할 수 있기 때문입니다.

경영의
알파와
오메가

경영의 알파와 오메가

ⓒ 현명관, 2026

1판 1쇄 인쇄_2026년 4월 10일
1판 1쇄 발행_2026년 4월 20일

지은이_현명관
펴낸이_홍정표

펴낸곳_글로벌콘텐츠
　　　　등록_제25100-2008-000024호

공급처_(주)글로벌콘텐츠출판그룹
　　　　대표_홍정표　**이사**_김미미　**편집**_백찬미 남혜인 권군오　**디자인**_가보경　**기획·마케팅**_홍민지
　　　　주소_서울특별시 강동구 풍성로 87-6 **전화**_02-488-3280 **팩스**_02-488-3281
　　　　홈페이지_www.gcbook.co.kr **메일**_edit@gcbook.co.kr

값　20,000원
ISBN 979-11-5852-635-1 03320